退役运动员心理指导手册

国家体育总局人力资源开发中心　编

人民体育出版社

图书在版编目（CIP）数据

退役运动员心理指导手册 / 国家体育总局人力资源开发中心编 . -- 北京 : 人民体育出版社 , 2021

ISBN 978-7-5009-6103-1

Ⅰ . ①退… Ⅱ . ①国… Ⅲ . ①退役—运动员—心理调节—手册 Ⅳ . ① G804.87-62

中国版本图书馆 CIP 数据核字（2021）第 224881 号

图片供应：中国体育图片库　视觉中国

*

人民体育出版社出版发行

北京中科印刷有限公司印刷

新　华　书　店　经　销

*

880×1230　32 开本　5.75 印张　132 千字

2021 年 12 月第 1 版　2021 年 12 月第 1 次印刷

印数：1—3,000 册

*

ISBN　978-7-5009-6103-1

定价：40.00 元

社址：北京市东城区体育馆路 8 号（天坛公园东门）

电话：67151482（发行部）　　邮编：100061

传真：67151483　　邮购：67118491

网址：www.sportspublish.cn

（购买本社图书，如遇有缺损页可与邮购部联系）

编写组

主　　编：胡咏梅

副 主 编：吉承恕　姚家新

编　　委：徐　红（天津阳光动力心理咨询中心）

孙志文（天津体育学院）

王晓庄（天津师范大学）

鄂卫民（天津市体育局）

采辑助理：魏　琳　闫昱新　霍晴晴

冯丽娴　胡　睿　李承骋

宋　歌　代羽昕　肖静凡

李凤芝　刘　月　何　茜

刘璐瑶　宗珂宇　沈瑞庭

张劭炜　居冠宇

推荐语

（推荐者按照姓名拼音首字母排序）

这是一本极具针对性的书，运动员退役后被细分为三个阶段，每个阶段用不同的颜色表示，你可以根据自己所处的阶段，选择对应的危机及贴士进行阅读，相信大家都能够从中找到适合自己的方法。成功绝非偶然，站在巨人的肩膀上能够帮助我们快速成长！

（陈一冰，2008 年、2012 年奥运会体操冠军，现为北京师范大学教师、副研究员，陈一冰体育教育专项公益基金创始人，型动品牌创始人，极简和极致运动课程创始人）

这本书犹如一本行动指南，处在不同时期的退役运动员都可以从中找到对自己有用的经验。我建议大家都去仔细拜读，一定会有所收获。

（冯锐，五届世界航海模型锦标赛冠军，世界纪录保持者，现为杭州中天模型有限公司创始人/董事长）

《退役运动员心理指导手册》是一本内容丰富的工具书，它介绍了运动员退役时在各个阶段面对的困难。从这本书中，不仅可以提前了解退役后的各种危机，还可以学习许多应对方法。

（雷声，2012 年奥运会男子花剑个人冠军，现为中国击剑队女子花剑主教练）

结束意味着新的开始，从运动员到新身份转换是一个不断探索的过程，在这个过程中你将会遇见不一样的自己。《退役运动员心理指导手册》能够帮助你提升自我认知，重拾自信。

（毛庆，漂流世界杯冠军，现为睿健体育创始人 / 董事长）

教你怎么生活的书有很多，倘若让我从中挑选一本，那我会毫不犹豫地选择《退役运动员心理指导手册》，因为它只针对现在的你。相信通过阅读，你将对退役后的生活有所思考，不再茫然。即使脱离了运动员的身份，同样能够创造辉煌！

（毛娅琦，世界武术冠军，现为杭州长留文化策划有限公司创始人 / 董事长）

手册中所讲到的退役板块划分以及他人退役故事的凝练，不仅可以作为前瞻性经验学习，也可以作为创业过程中的工具书使用。我非常推荐大家阅读并使用！

（宋时超，乒乓球世界青年锦标赛冠军，杭州时振体育策划有限公司创始人/董事长）

每一个退役后即将开始一段新旅程的运动员，犹如在大海上航行的人，遇到风浪时还不能熟练地找到遮风避雨的港湾。这本手册能帮大家用最快的方法找到应对的方法并带给大家启迪，是一本真正授人以渔的工具书！

（佟文，2008年奥运会女子柔道冠军，天津市举重摔跤柔道拳击跆拳道运动管理中心副主任兼教练员）

退役并不等于清零，以往的付出都将成为你身份转换过程中的资源。《退役运动员心理指导手册》中的特色工具箱将会指引你抛掉以前的光环，发掘自身优势，顺利完成身份转换。

（肖杰，国家跆拳道队运动员，重庆道吧体育产业集团有限公司创始人/董事长，道吧网创始人）

这是一本具有真正指导作用的手册。对每一个即将退役的运动员来说，这是非常有用的，可以帮助退役运动员提前了解退役所面对的困难。对已经退役的运动员来说，也是值得参考的。我极力推荐这本手册和配套课程！

（杨玉明，天津泰达足球俱乐部球员，现天津大学体育教师）

此书不错，相信不仅适合退役后准备去当教练的运动员，也适用于已经开始创业的运动员。无论是谁，都可以仔细阅读，增加经验。

（张娜，2004年雅典奥运会冠军，现为中国排球学院常务副院长，天津体育学院教师）

这本充满了实践性和前瞻性的《退役运动员心理指导手册》是写给那些想掌控自己人生的运动员的。将这本手册内容认真理解，不仅可以帮助你了解退役的危机，还可以缓解你的焦虑。

（张雯，帆板国家级健将，现广州云帆体育有限责任公司创始人/总经理，广东省科技大赛一等奖获得者）

退役是重新开始的起点，它是充满机遇与挑战的旅程，其中惊喜与困惑并存，希望与危机同在。相信在阅读《退役运动员心理指导手册》后，你将对自己的人生充满信心。

（赵杰，全国击剑冠军，现为天津金牌击剑创始人／董事长）

体育本身便是需要毅力和坚持。体育精神，就是走向成功的必备要素。《退役运动员心理指导手册》中每个运动员的事迹都很好地阐释了这句话的内涵，翻开这本书，相信你会有深刻的体会。

（朱德铭，射击世界锦标赛冠军，现安徽中梦维家投资管理公司执行董事／总裁）

前 言

在新时代体育强国建设背景下，为更好地服务运动员群体，贯彻“以运动员为中心”工作理念，解决运动员在退役后面对生活环境改变感到迷茫等心理问题，满足退役运动员对心理引导的迫切需求，国家体育总局人力资源开发中心携手天津体育学院心理调控与卓越表现研究中心主任胡咏梅及其团队，组织编写了《退役运动员心理指导手册》。

为了使手册贴合运动员实际需求，本书摒弃了以往从理论到实践的思路，建立了一个新的包含定性探索、定量测量、大数据分析的研究体系。通过对 370 余名退役运动员进行深入访谈，将退役运动员转型适应与需求进行整理与汇总，并据此描绘出退役转型过程的时间主线，把转型过程分为“退役规划与准备”“退役后适应”“新身份建立”三个阶段，每个阶段中又包含“了解自己”“心理危机应对小贴士”和“心理援助工具箱”三个模块。形成的“三阶段九模块”架构，更加贴合运动员退役转型的发展变化过程和每个过程中的实际需求，形成了本书的最大特色。

本书形成于实践，又致力于应用在实践之中。相信本书可以为广大退役运动员提供切实有效的帮助。也希望以此为契机，吸引更多人关注退役运动员心理健康问题，积极进行研究和探讨，共同为退役运动员转型发展助力。

国家体育总局人力资源开发中心

2021 年 6 月

目 录

手册使用指南

一、退役运动员转型三阶段划分介绍

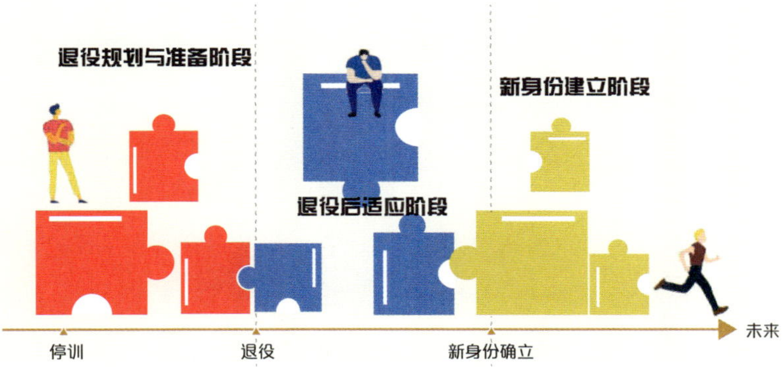

退役运动员转型三阶段划分示意图

你现在看到的是退役运动员转型三阶段划分示意图。在图的下方，有一条橙色的实线箭头，它代表着时间线，从过去指向未来。在这条线上，有三个与退役转型有关的关键节点，分别是停训、退役、新身份确立。停训是指运动员不再以比赛为目的参加训练，退役是指签订协议正式从运动队退出，新身份确立是指在经历过退役后的适应和探索之后最终确立了自己新的社会身份。

从停训到退役之间，就是退役规划与准备阶段，我们用红色表示。这时运动员还在队中，但已经不再以比赛为目的参加训练，这个阶段一般会持续 6~12 个月，但每个运动员的实际情况又有所差异。在这个阶段中，准备良好的运动员通常会选择接受退役的现实，积极去规划新的生活，积极地筹备就业事项。

从退役到新身份确立之间，就是退役后适应阶段，我们用蓝色表示。这个阶段一般持续 1~2 年。此时运动员已经脱离了运动队，不再是运动员，离开了长期以来的生活环境，人难免会感到迷茫，失去对生活的控制感，运动员在这个时期通常需要一个磨合的过程，适应之后才能进入新的阶段。

从新身份确立以后，就是新身份建立阶段，我们用黄色表示。在经历过一系列的职业尝试与探索之后，最终达成与自己新身份的和解，确定下来自己今后要稳定发展的新身份，我们把这个稳定的新身份确立后的阶段定义为新身份建立阶段，这一阶段一般会持续 6~12 个月。运动员最终选择的新身份，也许是做教练员，也许是做教师，也许是回归家庭。我们将在这个阶段给大家提供稳定职业发展生涯规划心理测评及生涯规划工具箱。新的身份会带来新的生活，焕发新的能量，进而开启新的人生篇章。

你目前处在哪个阶段呢？参照以上叙述进行判断，并在横线上填写你所处的退役转型阶段名称吧。

我所处的退役转型阶段为：

____

二、退役运动员心理指导手册模块介绍

在退役运动员转型相关理论指导下，根据访谈和调查 370 余名退役运动员的需求和转型发展规律，结合心理咨询框架及技术，我们在每个阶段中都设计了三个心理指导的学习模块，分别为“了解自己”“心理危机应对小贴士”和“心理援助工具箱”。

（一）“了解自己”学习模块内容介绍

人们往往不像想象中那么了解自己，尤其是在面临人生转折的关键节点上，不是那么容易想清楚自己想要什么，要往哪里去。这个学习模块将通过一系列心理测评工具，帮助你对自己应对心理压力所需要的资源进行评估，根据测评结果，你将对自己有一个全新的认识。

（二）“心理危机应对小贴士”学习模块内容介绍

心理危机是指个体在遇到了突发事件或面临人生重大的挫折和困难时所处的一种心理状态。处于这种状态下的人，因为对重大问题或变化难以解决和应对，大脑神经系统的平衡就会被打破，继而出现无所适从、内心紧张不安、思维迟钝和行为紊乱。

在对 370 余名退役运动员的访谈中，我们发现，中国的运动员在退役转型的过程中，普遍会受到退役规划与准备不足、文化基础薄弱、伤病康复等因素的影响，使得在退役转型过程中会遇到很多挫折和困难，甚至会出现重度焦虑和抑郁等心理障碍。因此，我们把运动员的转型过程定义为心理危机的应对

过程，并在手册中设计了"心理危机应对小贴士"的学习模块。

我们通过对大量退役运动员的访谈，归纳总结了退役运动员面临的转型共性心理问题，结合心理危机应对基本知识和基本规律，整理形成了心理危机应对小贴士，这些小贴士是给运动员在面对退役转型危机时提供的小建议和小窍门。我们还为每一个小贴士都配上了真实案例，并把这个真实案例录制成了配音小故事，方便大家倾听和学习。

（三）"心理援助工具箱"学习模块内容介绍

我们基于运动员在每个阶段中出现的共性问题，判定运动员在转型过程中需要学习挖掘自己潜力的方法，也需要学习与自己的不良情绪沟通的方法，还需要学习在退役适应过程中怎样扮演职业和家庭多个角色的方法，更需要学习在困境中如何获得幸运的法宝。因此，我们结合心理咨询技术和心理训练技术，制作了运动员可以自助使用的心理援助工具箱，每个工具箱都包括了心理调节技术简介、心理调节技术可以针对解决的问题、心理技术训练作业三部分。通过心理援助工具箱的学习，可以有效地提高运动员应对转型心理危机的综合素质，避免严重心理障碍的出现。

三、退役运动员心理指导手册模块操作指南

首先，如果你正在经历退役转型，请先确定你处在哪个阶段。

如果你选择的是红色阶段（停训—退役期间），请你跳转至手册的红色页，开始进行退役规划与准备阶段的心理调节相关内容的阅读和学习。

如果你选择的是蓝色阶段（退役—新身份确立期间），请你跳转至蓝色页，开始进行退役后适应阶段的心理调节相关内容的阅读与学习。

如果你选择的是黄色阶段（新身份确立后），请你跳转至黄色页，开始进行新身份建立阶段的心理调节相关内容的阅读与学习。

01

第一阶段

退役规划与准备

模块 1 了解自己——积极准备，迎接新挑战

退役规划与准备阶段，是指运动员从产生退役意识到正式退役之间的阶段，这个阶段运动员虽然还没有从运动队中正式退出，但是已经在有意无意地考虑与退役有关的事情，做着与退役有关的准备。退役规划与准备阶段对于退役后的适应非常关键，那些在退役之前就做好了规划和准备的运动员，在退役之后可以更好地转型。

因此，在这一阶段，我们提供了中国大五人格问卷、运动员退役决策问卷、生涯决策困难问卷三个工具介绍，这些测评工具可以帮助你更好地了解自己的退役规划与准备水平（因版权问题，本书无法提供具体问卷内容，如有需要，可自行网络检索进行测试）。其中，人格测验可以帮助你认识自己，了解自己的性格，发挥性格中的优势和长处；退役决策测试可以帮助你正确地认识退役事件；生涯决策困难测评可以帮助你做好择业方面的心理准备。下面就让我们进入测评工具的介绍吧。

测评工具 1：中国大五人格问卷

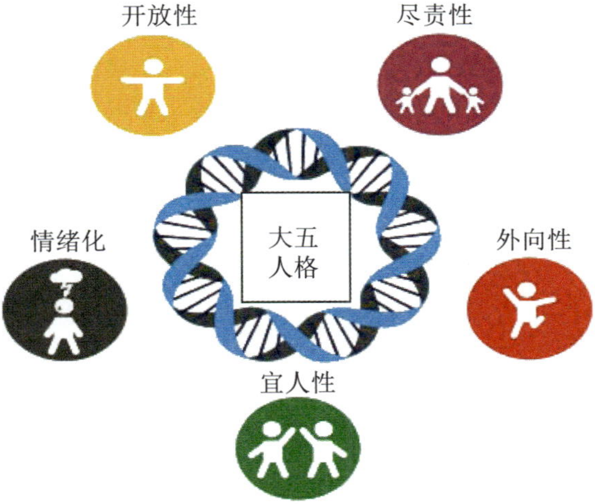

“大五人格”的结构

【工具简介】

“我是一个什么样的人？”“我真的认识自己、了解自己吗？”要解答这两个问题，就必须要认识自己，了解自己的人格。人格是人的全部稳定的心理特征的总称，是我们个人区别于其他人的本质特征，我们常说的性格、气质、脾气、秉性等都属于人格。

“大五人格”测试是目前最先进、准确性较高的一种人格测试方法，它从开放性、尽责性、外向性、宜人性、情绪化五个方面描述你的人格特点。

【工具内容】

大五人格特征、高分特征及退役优势

人格特征	高分特征及退役优势
开放性	测试得分高的运动员喜欢刨根问底，兴趣广泛，做事不拘一格，善于创新。他们在退役转型过程中更愿意探索不同的领域，找到属于自己的道路
尽责性	测试得分高的运动员勤奋自律，做事有条有理，遇到困难锲而不舍。在退役转型过程中，他们的规划目标更加明确，这有利于做好退役准备并付诸行动
外向性	测试得分高的运动员喜好社交，重情重义。他们在转型过程中更容易结交新朋友，活跃健谈的性格也使他们更容易获得他人的帮助和支持
宜人性	测试得分高的运动员诚实守信，乐于助人，个性直率。他们在转型过程中能够更好更快地融入新环境，与他人和平相处，建立深厚友谊
情绪化	测试得分高的运动员在退役转型过程中拥有稳定的情绪和很好的抗压能力

【工具参考文献】

王孟成，戴晓阳，姚树桥．中国大五人格问卷的初步编制Ⅰ：理论框架与信度分析 [J]. 中国临床心理学杂志，2010，18(5)：545−548.

王孟成，戴晓阳，姚树桥．中国大五人格问卷的初步编制Ⅱ：效度分析 [J]. 中国临床心理学杂志，2010，18(6)：687−690.

王孟成，戴晓阳，姚树桥．中国大五人格问卷的初步编制Ⅲ：简式版的制定及信效度检验 [J]. 中国临床心理学杂志，2011，19(4)：454−457.

测评工具 2：运动员退役决策问卷

【工具简介】

退役决策问卷是用来评价运动员是主动退役还是被迫退役。主动退役的运动员往往能够更好地适应退役后的生活，而被迫退役的运动员则需要更长时间来适应。

【工具内容】

退役运动员退役类型及高分特征描述

退役类型	高分特征描述
被迫型	可能由于伤病、成绩不佳、年龄、队内矛盾等原因被迫离开，但又对运动队充满不舍。他们很难走入新生活，更需要家人、朋友的支持。因为需要更长的适应时间，这或许会有助于他们进行更充分的冷静思考
主动型	主动选择退役的运动员，对运动队没有遗憾，对自己的人生有新的目标和规划，退役后能够更快地走向新生活。他们对未来充满向往，有自己的规划和理想，勇于尝试和创新，但也需要提高风险意识

【工具参考文献】

Fernandez A, Stephan Y, Fouquereau E. Assessing reasons for sports career termination：Development of the Athletes Retirement Decision Inventory (ARDI) [J]. Psychol Sport Exe，2006(7)：407−421.

刘皓，刘靖东，王丹芳，等 . 2PAP 理论在运动员退役决策中的应用及问卷初步检订 [J]. 中国体育科技，2018，54(4)：129−135.

测评工具3：生涯决策困难问卷

【工具简介】

生涯决策困难，是指我们在职业选择过程中可能遇到更多难题，这些困难可能是由于知识、经验、能力缺失造成的，也可能是由于信息缺乏、对自己认识不足、信念不坚定造成的。运动员在准备退役这段时间，在考虑自己未来道路选择的过程中，或多或少都会遇见这样的困难。那么，在面临职业选择时，你在考虑什么？又是什么让你难以抉择？

本测评从事前准备、信息探索难度和冲突矛盾三个方面了解你的职业决策困难，并给你一些应对方法的提示。

【工具内容】

退役运动员生涯决策困难类型、具体表现及应对方法

生涯决策困难类型	具体表现及应对方法
准备不足	缺乏工作动力，找工作犹豫不决，拥有不切实际的幻想。应做好找工作的心理准备，明确找工作是为了什么，做到脚踏实地
信息探索不足	对找工作的过程不了解，对自身的能力和特点不了解，对人生没有规划，对信息获取的渠道不了解。应首先了解自身能力和资源，并拓宽信息渠道
信息矛盾	受到了不可靠信息的误导，自我冲突，自己和外界冲突。应提升分辨信息的能力，拓宽视野

【工具参考文献】

Gati I, Krausz M, Osipow S H. A taxonomy of difficulties in career decision making[J]. Journal of Counseling Psychology, 1996, 43(4) : 510−526.

模块 2 心理危机应对小贴士

在退役规划与准备阶段，运动员虽然还在队中，但已经不再以比赛为目的参加训练。失去了赛训作为目标，又没有良好的文化基础和社会技能，大多数运动员都会开始迷失自我，更有许多运动员受到伤病的困扰，这些因素都使得绝大多数运动员面对退役带来的巨大压力，难以做好退役的规划和准备，此时心理危机就出现了。

在这一阶段中，常见的心理危机表现包括：严重的自我怀疑，强烈的失控感，对未来感到迷茫和恐惧，被不甘心和无奈等情绪困扰等。这些心理危机如果不能很好地应对解决，会直接影响到退役转型的质量，甚至会发展成为严重的心理障碍。

我们根据对退役运动员的访谈，从运动员的转型素材中，归纳总结了在退役规划与准备阶段运动员面临的 10 个共性心理问题，结合心理危机应对基本知识和基本规律，整理创作了 10 个心理危机应对的小建议和小窍门，并配上了结合素材创作的虚拟故事情境，帮助你更好地理解和使用这些应对技巧。故事采用模拟困难情境的虚拟剧情设计，虚拟故事情节设计是为了更好地突出困难类型和心理危机应对的心理历程。

小贴士 1：不破不立，走出舒适区

走出舒适的环境，勇敢挑战和超越自我

【小贴士功能及操作介绍】

不破不立，首先是破，指的是破除、突破，只有突破自我、走出舒适区才能有全新的收获。运动员在竞技运动中，对更快、更高、更强的追求，就是对自我的不断突破。当我们在一个领域有所成就、形成舒适区之后，当舒适区逐渐缩小，就会面临两难的选择。例如，在运动成绩达到瓶颈期之后，究竟是继续训练争取突破瓶颈期，还是选择退役离开训练场，这个问题困扰着很多运动员。无论是继续训练还是退役，都需要巨大的勇气才能坚持自己的选择。

不破不立，就是在痛苦中选择和坚持，不选择的痛苦则是在迷茫中孤独地徘徊。

我们来看看大家是怎么做的。

第一步：从心理上准备好退役，表面上是放下以往的拼搏与荣誉，本质上带走的是经验与阅历。

第二步：走出舒适区，突破自我。

（1）突破区域，走万里路，地球这么大，世界任我行。

（2）突破能力，活到老学到老。

（3）突破印象，勇于脱离他人心目中的形象，做新自我。

【对应的心理危机】

如果自己热爱的事业最终变成了无法扛起的负担，那是否还要继续呢？

举例：

（1）我的成绩到了瓶颈期，需要和队友、教练员一直磨合，运动不能再给我带来激情，只剩不甘心。

（2）成绩无法提升，伤病频频发生，我开始怀疑自己，没有了最初的坚定，究竟应不应该继续？

【应对虚拟小故事】

适应人群：纠结要不要退役的运动员

主题：不破不立最需要的是勇气

扫描二维码聆听
退役规划与准备
阶段的小故事

明天还有更好的太阳

初二开始，杨期就一心投入专业训练中，这在队里一待就是七年，她爱她的项目，也为之付出了最好的青春。但是日复一日地训练，成绩却没有期望的提升。杨期觉得，团体项目比赛比的就是团魂。但团队里的队友因为种种原因更换，每次都要进行新的磨合，而且由于团队成绩不理想等原因，队里的教练也总是干不长。杨期每次觉得自己的成绩马上能有起色的时候，队里总有新的状况出现。杨期是个慢热的人，每次队友和教练的变化对她的影响很大，对自己成绩的不满也让她痛苦，如果自己热爱的事业，最终变成了无法扛起的负担，那是否还要继续呢?

一次伤病杨期在家中休养，这期间她想明白了，与其一直过自己不喜欢的生活，不如抛下一切重新开始。队里又出现了较大的人员变动，杨期知道后决定和队友一起离开，开启新的人生。

做好决定之后，杨期觉得自己心上的石头终于落地。也许自己做的不是最优的选择，但是这让杨期鼓起勇气去面对接下来的人生。

小贴士 2：行万里路，路上自有新风景

最美的风景在路上

【小贴士功能及操作介绍】

绝大多数运动员都有多年在队训练的经历，所有的生活都是听组织安排，两点一线，日复一日。也许你连从宿舍到训练馆需要走多少步，都记得清清楚楚。

而退役时，运动员们不仅是离开队伍、赛场和训练馆，更是脱离了这样的生活方式。可能从今以后你都不必再走那条走了多年的路,这个时候是自由的,也是迷茫的。你可能会问自己，明天就不用训练了，我该做什么呢？

也许你想找几个朋友出去大吃一顿，也许你想熬夜到凌晨然后睡到自然醒，也许你想去继续之前因为训练而放弃的爱好，

也许你想赶快回家好好陪一陪爸爸妈妈。看到这里，你可能还会想，我更关心自己的前途发展，离开运动队，我什么都不会，我想要赚钱，想要更好的生活，我该怎么做？如果你正在思考以上的问题，意味着你已经开始展望未来，那么这篇小贴士可能会解答你的一些困惑。

我们来看看大家是怎么做的。

第一步：整理好心情，正视退役，开始关注未来的生活。

第二步：开拓眼界，适应新生活，先从自己想做的事情做起，再考虑更加深远的问题。

【对应的心理危机】

在队里十多年了，离开运动队我不知道能做什么。

举例：在运动队多年，让我从事“做家务”之类的工作，我到底要不要干？

【应对虚拟小故事】

适应人群：常年在队，退役后需要重新找回对生活的控制感的运动员

主题：在游历中获得生命的宽度

行万里路，路上自有新风景

在运动队待了十来年，与家人聚少离多，退役后的李小翔没有急着去寻找一份新的工作，而是选择带着自己的家人去旅行。为了让家人外出旅行有更舒适的体验，李小翔在网上发现了非常有生活气息的民宿，住宿体验也得到了家人的认可。不

同地方的民宿有不同的风格，一路下来，李小翔对此产生了极大的兴趣，他想到自己的家乡天津也算是一个旅游城市，也很适合做民宿的生意，他开始思考、策划、查阅资料，研究当代年轻人的喜好标准。决定创业后，从网络预约到后期的经营，李小翔都尽量做到亲力亲为。经过很长一段时间的准备和实践，最终成果喜人。李小翔说起自己的成果时带着一丝骄傲："因为咱家这个装修比较有特点，所以比较受欢迎。"虽然增加了自己收拾屋子、换洗床单的劳动量，但也干得非常开心。

如果让一位优秀的运动员退役回家每天做家务，可能有很多人都是拒绝的，但如果是为了自己的事业，那一定是累并快乐着的。

小贴士 3：运动员的退役决策沟通指导

教练员是退役运动员的暖心支持者

【小贴士功能及操作介绍】

运动员退役的原因有很多，有些是因为伤病被迫退役，有些是成绩无法提高、年龄到了导致的或主动或被动的退役。被动退役有时会给运动员留下很大的创伤，但选择主动退役有时也会有很多问题，如怎样向教练员或领导表达自己想要退役的想法？怎样愉快、顺利地结束运动生涯呢？

用不当的方式可能导致自己的运动生涯潦草地结束，甚至还会和自己朝夕相处的教练员产生矛盾和摩擦；用恰当的方式不仅不会破坏和教练员的关系，而且能为运动生涯画上完美的句号。

我们来看看大家是怎么做的。

第一步：在和教练员沟通前，每天还是要认真训练，不消极对待。

第二步：提前预想到教练员有不同意的可能，理解教练员的想法，带了很久的运动员退役，教练员难免会有不舍的情绪，并且肯定希望队员还能继续效力。

第三步：不冲动，避免和教练员起冲突，耐心、诚恳地沟通，避免把事情推到无法挽回的地步。

【对应的心理危机】

决定自主退役，想争得教练员的同意，我到底该怎样沟通？

举例：没有特别严重的伤病，正值适应社会最好的年龄，想主动退役，开启人生的下一个阶段。很多队友都因退役和教练员产生过不愉快，我该怎样做才不会重蹈覆辙，才能两全其美呢？

【应对虚拟小故事】

适应人群：想主动退役但不知道如何与教练员沟通的运动员
主题：相互理解不冲动

和谐的关键——相互理解

小刘是一位优秀的球类运动员，在一次赛前的训练中不小心锁骨骨折了，但他不想放弃即将开始的全运会，所以那段时间依旧带伤训练。

功夫不负有心人，他如愿在全运会上取得了季军的成绩，但鲜花和掌声的背后是大大小小的伤病。在这次全运会后，小刘想到了退役，原因是下一届全运会要在 4 年之后举行，这次可以带伤上场已经是十分不易了，谁也无法保证这 4 年中会不会出现更大的伤病，万一下次又在赛前受伤，还能像这次一样带伤上场吗？自己的身体能受得了吗？小刘感到非常焦虑和苦恼，往年因为退役去留问题和教练员不欢而散的例子比比皆是，自己该如何向教练员表达这个想法呢？

退役这个话题在运动队中并不陌生，但怎么把这件事处理好却是一个难题。小刘思考了几周，他觉得教练员同样是运动员出身，肯定有过感同身受的经历，但同时，自己的队员退役，教练员肯定是不舍的，所以小刘怀着教练员有可能不同意的想法去和教练员表达了自己目前的处境以及对之后生活的规划，并且感谢运动队对自己的栽培，即便是队里不同意，自己之后也会认真训练。就这样和教练员聊了几次之后，教练员也理解了他的选择，小刘便顺利退役了。

小贴士 4：优秀退役运动员职业生涯探索

勇于探索，坚持所爱，逐渐了解健身行业

【小贴士功能及操作介绍】

运动员选择退役，一时之间无法找到适合自己的职业，同时又对从事多年的运动生涯怀有极深的感情，无法割舍。此时，你可以对自身的职业生涯进行大胆的尝试、勇敢的探索，努力寻找与体育相关的职业，继续发挥自己的专业能力，换个角色，继续实现自己的体育梦。

我们来看看大家是怎么做的。

第一步：勇于尝试，善于探索，寻找自己未来的方向。

第二步：遇到困难不能轻言放弃，要重新审视自己后重拾信心，继续前行。

【对应的心理危机】

离开运动队，感觉未来既陌生又迷茫。

举例：

（1）因伤退役，对退役后的生活感到陌生且迷茫。面对以后的生活，我该怎么做呢？

（2）面对退役，已做好准备，但是计划没有变化快，退役后的职业生涯并没有按照计划执行，这时的我该怎样调整自己，如何继续寻找适合自己的体育事业呢？

【应对虚拟小故事 1】

适应人群：退役后感到迷茫的运动员

主题：勇于直面困难，探索发展方向

迷茫不迷路

在赛场上拼搏了多年的运动员王梦梦正值职业生涯的巅峰时期，却因为伤病原因黯然退役，她心有不甘，毕竟她将自己的青春年华都奉献给了这个项目，但考虑到队伍的成绩以及为了给更年轻的队员让位，她还是接受了这一现实。

多年的封闭式训练让刚离队步入社会的王梦梦很不适应，她不用再早起训练，不用再控制饮食，一切的一切都是全新的，也是陌生的。哪怕是在赛场上经历过大风大浪的她，此刻对未来的生活也充满了迷茫，但她知道，不能这样坐以待毙，她应该做点什么，比如勇于尝试，踏出第一步。

想通了的王梦梦找到了自己的启蒙教练，试图寻找一些力所能及的事情来做。恰巧赶上老教练生病，正愁没有人能够给他代课，突然出现的王梦梦让老教练惊喜万分，便把手上的课程都交给了她，自己则去安心养病。王梦梦也深知这机会来之不易，有所准备的她很好地完成了老教练留给她的任务。

这一次勇敢的尝试让王梦梦清晰地看到了自己未来的方向，热爱体育的她决定留在体育圈里发展，继续为体育事业发光发热，并先后尝试了教练员和体育老师的工作。

【应对虚拟小故事 2】

适应人群：被打乱退役计划的运动员

主题：坚韧不拔，重拾信心，寻找方向

换战场，继续前行

从小就对体育十分感兴趣的张美丽如愿以偿地成了一名运动员。集热爱与天赋于一身，成功便也成了必然，在比赛场上，张美丽可谓是“战功赫赫”，多次取得优异的成绩。

随着年龄的增长和多年伤病的影响，张美丽也逐渐意识到，自己终有退役的一天，她开始思考未来的道路。在一次和教练员的谈话后，她得知队里看重她的才能，有意让她在退役后留队执教，她便决定退役后转型为教练员。

对于热爱自己所从事运动项目的张美丽来说，这绝对是最好不过的消息了，这意味着她可以继续为这一项目和她效力多年的队伍贡献自己的力量。她开始用摄像机记录自己的每一次比赛，赛后分析对手的战术打法，为未来的执教生涯做准备。

精心准备了一年的张美丽退役了，但生活仿佛和她开了个玩笑，由于种种原因，她没能留在队里执教，这对于性格十分坚韧的张美丽来说，也是一个很大的打击。尽管经历了重大的打击，但张美丽没有就此消沉，她不停地告诉自己：这么多年我都没有倒在赛场上，现在我更不能倒在这里！

重拾信心的张美丽开始重新考虑自己的未来，在一番思考后，有丰富运动经验的她决定留在体育圈发展。她先是进入学校教体育，并在一番努力后成为体育组组长，随后还开办了自己的培训班。至今，张美丽依旧在用自己的方式为体育事业做着贡献。

小贴士5：短板补强，筑牢基础

了解自己，发现短板，筑牢基础

【小贴士功能及操作介绍】

运动员除了对自身运动技能了如指掌外，也对自己有着清楚的了解，并且能够接受自己，努力提高自己，完善自己的不足之处，在追求和逐渐接近目标的过程中体验到自我价值，这便是自我认同的体现。运动员在面对退役时，需要有清晰的自我认同，善于发现自己的优势，积极地弥补自己的短板，为今后的职业探索做好充足的准备。

我们来看看大家是怎么做的。

第一步：善于挖掘自己的优势与劣势。

第二步：把挖掘出的优势积极发挥，劣势及时弥补。

【对应的心理危机】

即将离开运动队，我觉得自己有很多不足之处，很恐惧。

举例：在队里与队友们沟通很简单，但是进入社会后，不知道该怎么和其他形形色色的人打交道。沟通是我的一大难题，我该怎么学会与他人沟通？

【应对虚拟小故事】

适应人群：看到自己短板的运动员

主题：找准定位，勇往直前

尺有所短，寸有所长

梁坚强年少时因在武术套路方面天赋出众而被选入专业队，有天赋而又努力的他也没有辜负教练的期望，拿下了一个又一个冠军。但他深知自己早晚有退役的那一天，到时候一切荣誉皆为过去，一切都将从零开始。

认识到这一点的梁坚强开始探索未来的道路，为退役做准备。对心理学感兴趣的他深知：想成功，一定要有清晰的自我认知。他想到未来离队步入社会，一定少不了与人打交道，而这么多年在队封闭训练，语言沟通能力恰恰是他的一大弱项，于是他开始大量读书，并不断接触、了解各个俱乐部，去兼职，为将来步入社会做准备。

由于不断地兼职，退役后的梁坚强已经积累了一定的社会经验，但此时的他又有了一个大胆的想法：走出体育圈，自主创业。多年在赛场拼搏的经验告诉他，只有敢想敢做，才有可能成功，于是他心一横，便开始了自己的创业之旅。

梁坚强如今已小有成就，但拥有坚定信念的他仍旧在创业之旅中奋斗、拼搏。

小贴士 6：自我评价，运动生涯不留遗憾

优秀游泳运动员吴鹏领奖

【小贴士功能及操作介绍】

运动员究竟为了什么在努力？有的人努力是为了超过别人，赢得别人的称赞；有的人努力是完成自己的目标，而不是为了跟别人比较。但是要记住，只有自己才是自己的评判者，如果运动员能够把努力的方向定为自我突破、证明自己，而不是为了别人的评价，就能把注意力集中在比赛和训练目标的实现上，集中在自己对于自己运动生涯目标的要求上，这样在实现自我突破、增进自信的同时，也能减少对于退役的不甘和纠结。

我们来看看大家是怎么做的。

第一步：改变认识，明确是为你自己练的，不要太在意别人的评价，教练员和队伍都是成长的资源，但绝不是评判者，只有自己才是自己的评判者。

第二步：当面对退役在成绩上心有不甘时，要懂得未必只有拿奖才能证明自己，突破自我、成就自我，才能不让未来有遗憾。

【对应的心理危机】

想要退役但对自己成绩不满意，不想带着遗憾退役，我该如何调整心态？

举例：日复一日地训练，成绩却很久没有任何提升，越练越没有自信，这真的很煎熬，但面对自己最热爱的运动事业，也不能轻言放弃。该如何自我突破，让运动生涯不留遗憾？

【应对虚拟小故事】

适应人群：即将退役时被纠结、不甘、无奈等情绪困扰的运动员

主题：两难抉择

进一步还是退一步——职业生涯两难抉择

小原是一名优秀的运动员，一直以来她都是自信而又骄傲的，因为她的成绩给了她底气。但是来到省队不久，她的自信动摇了，因为她的成绩怎么也提不上去，教练员的忽视让她难过极了。她因此产生了退役的想法。

这时候的她还很年轻，没伤没病，教练员忽视她也是因为无法多分心给她这样提高不了太多的运动员，因此当她决定退役的时候，教练员和队友们其实都是不支持的，大家都轮番来劝她，告诉她还可以继续努力。

小原无疑是纠结的，她的成绩很久没有提升了，日复一日地训练却没有任何回报真的太让她难受了；但这又是她热爱的事业，曾经也为此付出过汗与泪，怎么能说放弃就放弃呢。她也始终对于没能突破自己抱有遗憾，甚至到了怀疑自己曾经取得过的成绩的地步。于是退役的计划就这样搁置了，她和自己较上了劲。幸运的是，她遇到了一位很好的心理老师，在知道她的困境后，老师劝解道："你是为你自己练的，不要太在意别人的评价，即使是教练员或者我都是你成长的资源，但绝不是你的评判者，你是你自己的评判者。"

在老师的指导下，小原逐渐恢复了自信，一点一点地突

破了自己，最后在一次训练中更是取得了前所未有的好成绩，尽管这只是在一次训练中取得的，尽管以后她可能再难取得同样的成绩，这却解开了她的心结。小原没有了遗憾，从容退役，告别过去，奔向了更美好的未来。

小贴士 7：运动员优秀心理品质的认同与迁移

优秀体操运动员拥有良好的接受能力、记忆能力以及拼尽全力的心理品质

【小贴士功能及操作介绍】

胡咏梅对全国 42 名顺畅转型的退役运动员进行了访谈，其中，“优秀运动员高自我认同因素”引证率达 64.29%，列顺畅转型诱发因素之首。“优秀运动员就是要不断挑战自我”“运动队培养了团队意识，磨炼了意志”“退役后有信心克服新生活中的困难”“新的工作岗位上我仍然可以做得很出色”，这些

都是退役运动员顺畅转型的真实体验。

运动员在退役前可对自己的运动生涯进行反思，发掘自身运动专项深层的优秀心理品质，如运动员普遍具备的“不畏困难、做事拼尽全力”；团体类项目运动员具备的“擅长沟通与合作”，长跑类运动员具备的“坚持到底”，球类运动员具备的“灵活与善于抓住时机”。运动员要善于发现自己的优秀品质，并且将其迁移到退役后的生活中。

【对应的心理危机】

离开运动队，觉得自己好像被清零了，迷茫，困惑，多年的运动生涯留给我们的到底是什么？

举例：

（1）在队里，队友们的性格都差不多，而且大家接触的时间长，相处要容易很多。退役后走入社会，我该怎样融入新环境，更快适应社会？

（2）步入社会，感觉自己什么都不会，什么都要从零开始，多年的训练生涯即将结束，回想一下那些刻骨铭心的训练带来的究竟是什么？对我的新生活会有哪些帮助呢？

【应对虚拟小故事 1】

适应人群：不善于发现自己优点的运动员

主题：运动员可以迁移的优秀心理品质——拼尽全力

圆圆我不服输

圆圆最初想要做运动员时，她的父母不同意，她就想出了一种极端的方式让她的父母妥协——她把自己关到屋里七天并且不吃不喝。当时她的父母又生气又心疼，只能说，你去试试吧，但是圆圆直截了当告诉他们："只要我去了队里，我一定会坚持下来！"

进队之后，圆圆成了队里最小的运动员，大强度的训练使她患上腰疾，但是她不服输，仍然咬牙坚持，可训练对她的考验还远远没有结束。她在一次很重要的比赛中又不幸指骨骨折，然而这并没有影响到她，做完手术后她马不停蹄继续参加比赛，最终还拿到了冠军！等到一年后她去复查，她的主治医生听说这件事儿后都震惊到说不出话，问她怎么做到的，她说："因为我想赢，并且我有责任要赢，为了荣誉我会拼尽全力去做。"

运动员是可以让国旗升起的英雄，是和平年代的战士！

后来，圆圆又努力拿了两次冠军，但之后她觉得自己的伤病和身体机能已经不能支持她再继续挑战了，她选择了退役。她相信不管自己未来从事什么职业，只要拼尽全力，最终的结果一定是自己想要的。

【应对虚拟小故事 2】

适应人群：不善于将运动员时期优秀品质迁移的人

主题：运动员可以迁移的优秀心理品质——交流

善于交流的石头

石头是一名投手，投手是赛场上很重要的人物，通常被称为主宰比赛的灵魂。石头经常被人夸奖"投手动作也太帅了吧”，但是这个时候他会很谦虚地说：“这是个集体项目，离不开每位队员的交流和合作。”石头很看重交流，他经常说：“团队配合最重要的就是交流！”

石头把运动员时期学习到的妙招“交流”，迁移到他退役后的生活中，当他到了社会上，和大家相处的时候，他充分感受到了交流的魅力。

他刚停训的时候，发现社会上的生活和队里很不一样，少了许多人情味儿和兄弟情谊，如果还按照队里和队友们的相处方式会出现很多人际关系上的问题。他在家 43 天没出门，琢磨出来一个适应社会的好方法——卖衣服。他认为去卖衣服能和各种各样的人接触，就有了和人交流的机会，这样就能了解和他们相处的方式，从而适应社会。就这样，石头在卖衣服的时候大胆和大家交流，多听多学习，然后摸索总结，到后期不管对方的态度如何，他总能应对一二，很快适应了社会生活。

小贴士 8：退役运动员在行动中找寻未来

千里之行始于足下，挣脱心理束缚全力开跑新赛道

【小贴士功能及操作介绍】

运动员本身具有许多优秀的品质，运动员在退役初期常常面临力不从心的状况，从而导致埋没自身的优秀心理品质，如坚持不懈的精神、极强的行动力等。其实，在训练过程中运动员对于教练员的指导只有一个字——做，极强的执行力是攻克难关的利剑。在准备退役的那段时间里，可能一筹莫展，可能找不到自己未来努力的方向，那就让自己在“做”中思考，在尝试中摸索。

例如，打破条条框框，别给自己设限，设定哪个我能做，哪个不能做。

例如，想到了就去做，先干着看看。

【对应的心理危机】

即将离开运动队，是彷徨等待，还是让自己找点事干?

举例：

（1）看到师兄就业的尴尬现状，即将走向社会的我，充满了焦虑与迷茫。

（2）从小到大都在运动队，这是我最熟悉的环境，也是我最擅长的技能。即将退役走入社会，我发现，除了运动技能之外，很多东西自己都不懂。

【应对虚拟小故事】

适应人群：先找个工作步入社会，了解社会的退役运动员

主题：千里之行始于足下——行动起来

行行出状元

小马是一名对抗性项目的运动员，他是怎样说服自己从运动员变身为酒店服务员的呢?

小马22岁退役，别看他年龄不大，在体育运动领域可算是一个经验丰富的老手了，可是这同时也意味着小马除了运动专项外其他社会经验都比较短缺。小马清晰地知道自己没有大学文凭，找到合适的工作有点难。但是他不想等待，于是他选择从零门槛的酒店行业做起，希望从这里步入社会，熟悉社会。

他回到老家，应聘一家酒店，酒店的主管瞬间就被他身上所具备的阳光、干练和超强的执行力所吸引，推荐他到最基础的客房部工作。来到客房部工作后，他发现，自己每天的工作就是铺床单、叠被子、打扫卫生，小马觉得很简单。

可是工作了一段时间，小马发现要想做得快，做得标准，还真的需要多看、多思考、多学、多问，行行有技术，行行需要用心。虽然工作时间长，收入也不多，但他并没有因此而放弃，而是在不断地做，不停地看。在逐渐熟悉工作后，小马主动帮晚来的同事做力所能及的工作。经理评价他:“这人干活真勤快，好像这些活都是他自己分内的事儿。”

一个月后，在关键的转正业务测评时，小马凭借着他出众的身体条件，比别人少用一半的时间就完成了任务。小马的工作内容逐渐从一个房间到一层房间，从小员工到领班。小马在酒店管辖的范围越来越大。在一年时间里，小马在酒店服务岗位上积累了很多与人沟通的经验，为自己的未来打开一扇窗。

小贴士 9：专业传承，从“鱼”到“渔”

精湛的打渔技术一代代延续传承

【小贴士功能及操作介绍】

授之以鱼，不如授之以渔，即送他人一条鱼不如教会他如何捕鱼。鱼，就好像是运动员以往积累的运动成果和经验；而渔，就是作为教练员要掌握的方法。作为一个好的运动员，只要在比赛中能够拿到好成绩就足够，就像在河中钓到鱼；而好的教练员则需要内化知识，不仅明白运动员是如何获得好成绩的，并且要把这些方法传授出去。这就需要学习更多的知识和教授的技巧等。

好的运动员未必天生就是好的教练员，但是也许通过用心钻研和学习，就能成为一名好的教练员，顺利完成身份转变。

我们来看看大家是怎么做的。

第一步：确定自己是否想要在专业领域继续发展，例如，做教练员，把自己的知识技能传递下去。

第二步：认准目标，不断地钻研内化知识、传授知识的方法。

【对应的心理危机】

我最擅长的事情，就是我自己的专业项目，可是我好像不知道该如何把这项技能传授给别人。我是一名好运动员，但我更想当一名好教练员。

举例：教练员要熟悉每个运动员的特点，才能把队伍带好，我是个优秀运动员，但是和成为一名优秀教练员还有很大距离，我需要学习。

【应对虚拟小故事】

适应人群：对自己未来感到迷茫的运动员

主题：可以迁移的优秀心理品质——不打没有准备的仗

早有准备

训练到达瓶颈期的网球运动员小宇产生了这样的想法：既然提高不了成绩，与其在这里耗费时间，还不如退下来，去当个教练员。于是小宇把心思放到如何成为一个好教练员上面，他想："我该如何把自己所学到的这些东西传授出去呢？"

有很多的运动员，他是一个好的运动员，但是未必能成为一个好的教练员。小宇在正式退役前两三年的时间里，一直都在思考这个问题，希望可以把自己的技术结合到孩子身上，将来能够帮助更多的孩子。训练闲暇时，小宇也在不停研究，学习如何提高教学水平，他还专门去找了一些基础比较差的师弟师妹，刻意练习自己的教学水平。

正式退役后的小宇凭借自己优异的成绩及突出的表现，顺利找到一家网球训练机构，成为梦寐以求的教练员，带领自己的小学员们获得了一次又一次比赛的胜利。

小贴士 10：世界上还有很多事情值得你去热爱与追求

发现自己的热爱，尽情去追逐

【小贴士功能及操作介绍】

人的一生可能有很多机会去探索职业。就像马云，马云曾经是一位英语教师，教英语是他热爱的职业，同时也是他最后选择回归本源的职业，但是他依然怀揣有一个创业的梦想，最终，他用自己的行动实现了这个梦想。

当面临没有人看好互联网、淘宝上线后无人问津的迷茫，面临与投资人之间的竞争和博弈时，他没有选择放弃。马云说：“我从来没想过我比别人幸运，我也许比他们更有毅力，在最困难的时候，他们熬不住了，我可以多熬一秒、两秒。”

马云用20年的时间证明了即使是34岁打算重新出发，只要有正确的方向并坚持不懈地努力，总能够成功。我的人生我来设计，我的人生我来实现。殊途也会同归，因为我们人生中闪烁的光辉，不谋也会相似，热爱能创造非凡。要相信，运动生涯所带来的成就同样也会迁移到我所热爱之中。

【对应的心理危机】

体育专项出身的我，真的可以重新找到自己的热爱，付出一腔热血吗?

举例：已经离开书桌和课本很久的我，真的还能像小时候一样重新“成长”一次吗?

【应对虚拟小故事】

适应人群：希望挖掘出除运动之外潜能的运动员

主题：世界上还有很多事情值得你去热爱与追求

文体不分家

小鹿是一名优秀的田径运动员，她非常清楚田径项目的运动员必须要和时间竞争，当身体素质下降就意味着自己的运动生涯将面临结束。

即将面临退役的她拜访了师姐，却被师姐“清闲”的生活状态泼了一头冷水，当年如同赛场神话一般的师姐，现如今无事可做，这样巨大的落差让她担心自己以后是不是也会像师姐一样，再说自己的运动水平与师姐相比还差了一大截。

失去希望的小鹿回到家里便把自己关在房间，她想过各种各样的工作，但是看看自己，除了田径运动好像也没啥特长，一盆盆冷水将希望的火花扑灭。妈妈看出了小鹿的失意，对小鹿说：“只要你有想法，就去做，我们都支持你。”

有了母亲的鼓励，小鹿想到自己从小就对绘画和设计有兴趣，文体不分家，为何不索性尝试从运动员变身为设计师呢？小鹿加入手绘培训机构，进行了为期 40 天、每天早 6 点到晚 10 点的高强度绘画培训，培训后经培训机构推荐，小鹿进入一家小小的设计公司当了助理。

虽然小鹿现在的工作与体育事业毫不相关，但是她认为各种行业都有互通的地方，都是对自身素质的修养，身为一个运动员，有更强的忍耐力和恒心，这些品质可以帮助自己在各行各业中找到自己的位置。

模块3 心理援助工具箱

退役运动员在退役转型的各个阶段，都需要掌握一些心理调节的技术，不断给自己补充心理能量。只有心理能量充足，才可以积极做好心理准备迎接退役转型过程中出现的心理危机。退役规划与准备阶段对于退役后的适应非常关键，在退役之前就做好规划和准备的运动员，在退役之后可以更好地转型。

因此，在退役规划与准备阶段给大家提供了两个心理调节技术：萨提亚冰山对话沟通技术和四宫格贴纸对话技术。萨提亚冰山对话沟通技术是一种沟通技术的学习，可以提高自己与自己、他人，或与一个团队的协作能力；四宫格贴纸对话技术可以探寻渴望的生活，处理近期的情绪，从而发现应对问题的资源和解决问题可能尝试的行动。下面来进行了解和操作吧！

使用指南：

每个工具箱都包括四个部分：（1）心理调节技术简介；（2）心理调节技术能够帮助解决的问题；（3）技术应用——退役运动员心理指导案例分析；（4）作业时间。

运动员在查阅每个工具箱时，首先对该心理调节技术做简要了解；其次根据可解决的问题模块思考自身想要解决的困惑与问题，即需要解决的心理危机；最后针对问题，进行该心理调节技术的操作，从而达到解决的目的。

我们在这一阶段，重点给大家介绍了萨提亚冰山对话沟通技术和四宫格贴纸对话技术工具箱，除此之外，其他阶段的工具箱也可以按运动员的需要交替使用。

心理调节技术 1 ：萨提亚冰山对话沟通技术

一、“萨提亚冰山对话沟通”是什么？

萨提亚（Virginia Satir，1916—1988 年）是举世闻名的心理治疗师和家庭治疗师。1951 年，萨提亚创立了萨提亚沟通模式，指导人们通过沟通建立温暖的世界，指导人们在生活中要处理好三种沟通。

（1）“我自己”：内在和谐、做自己的主人；

（2）“我”与“另一个人”：关系和睦；

（3）“我”所处的人际系统（家庭或组织）：社会和谐、家庭或组织成员之间和谐、协作、有凝聚力。

萨提亚沟通模式在深邃广博的心理学与人们日常生活之间建立起一座桥梁，使每一个人都有机会得到萨提亚温暖而有力的心理支持，达到全新的生命境界。退役运动员在转型过程中也要通过沟通技术的学习来提高自己与自己、与别人、与一个团队的协作能力，创造退役后更美好的未来。

二、“萨提亚冰山对话沟通”可以解决哪些问题？

萨提亚的“冰山理论”可以促进有效沟通。

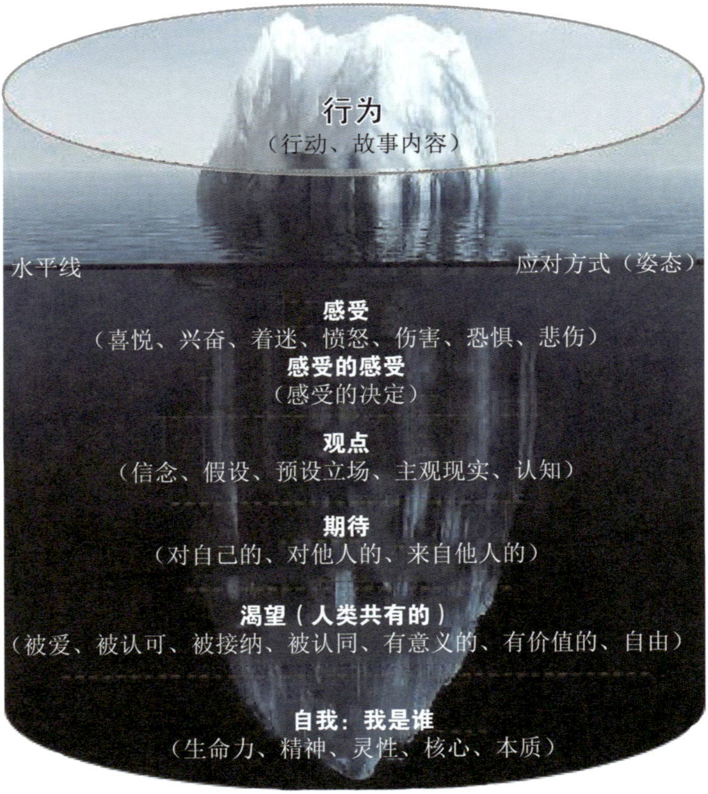

萨提亚“冰山理论”模型图

我们平日很容易看到的是自己做了什么，别人做了什么，那么这些行为背后的内心感受是什么呢？又是因为她/他坚持了哪些信念，有哪些期待和渴望，才让她 / 他做出这样的事呢？她 / 他到底是怎样的一个人呢？通过学习萨提亚冰山对话沟通技术我们可以解决一些与自己沟通方面的困惑。

三、“萨提亚冰山对话沟通”技术的应用——退役运动员心理指导案例分析

（一）基本情况

运动员郝奋斗在十几岁时比较内向，退役后因为找工作不顺利经常偷偷地哭。曾经队里的心理指导老师是他的朋友，看他心情比较差，教给他“冰山理论”模型，这对他影响颇深。下图是他与自己的“冰山对话”。

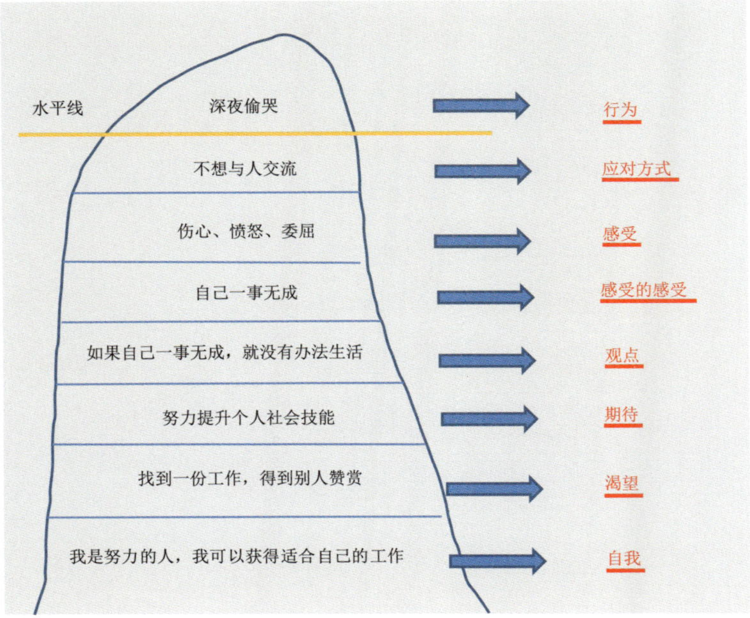

（二）心理指导效果反馈

郝奋斗进行了自己的“冰山对话”，认识到自己身上努力的优点，也认识到自己渴望被关注、被赞赏，所以他努力提升自己的社会技能，肯定自己，找到了新工作。

四、作业时间

（一）作业安排

下面请大家参考退役运动员心理指导案例中的冰山对话示意图完成自己的有效沟通作业：

在图中左侧空白条中按照右侧的提示填写相关内容（包括八个步骤，从上至下进行）。

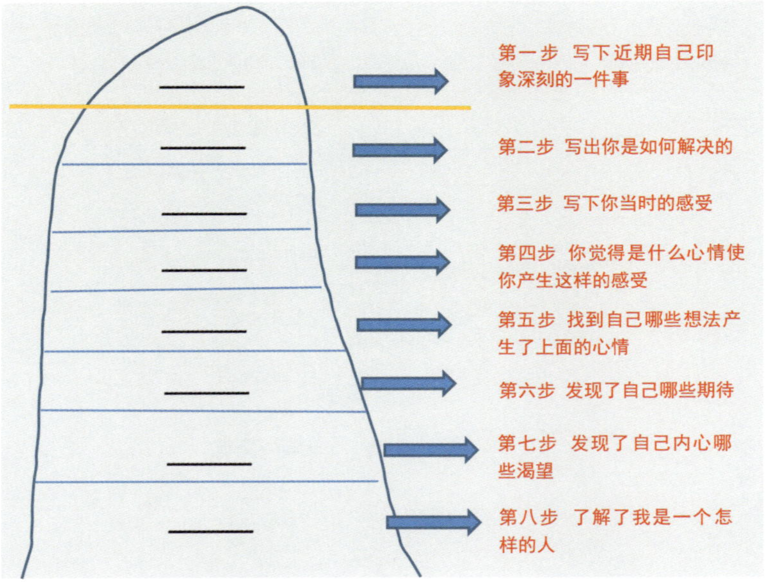

（二）作业指导

（1）阅读并理解“冰山理论”模型由上至下对应的内容。

（2）由上至下依次写下自己身上与冰山各模块对应的内容（注意由上至下是一个逐渐深入递进的过程）。

（3）也可能写到第二步、第三步就找不到感觉了，没关系，这是一个与自己对话的过程，我们慢慢来。

（4）每一次完成作业后，回顾刚刚写的过程，深入体会，找到自己内心的感受。

（三）作业参考资料

“冰山理论”模型中的八个内容解读：

❖ **行为：**行为很简单，大笑、安静地做作业、舍鱼而取熊掌等都是我们的外在行为。

❖ **应对方式：**应对方式是我们所做出的选择，是我们在承受压力的情况下的行为。

❖ **感受（感受的感受）：**有些东西是我们看不见但是却真实存在的，就是我们的感受，如欣喜、愤怒、悲伤，有时会进阶为更复杂的感受，如焦虑、抑郁等。

❖ **观点：**观点可以理解为我们内心的价值观，就是我们为什么会产生上边的感受。

❖ **期待：**期待是我们因为价值观产生的具体的需求，如想要爸妈给买一本书、想要老师的一句夸奖。

❖ **渴望：**透过期待我们可以看到渴望，是期待下隐藏的情感需求，就好像我们都渴望被爱、被认可。

❖ **自我：**看到人渴望什么，就可以看到他的自我，例如，我渴望父母可以因为我而幸福，我就有一种孝顺的核心。

心理调节技术 2：四宫格贴纸对话技术

一、“四宫格贴纸对话技术”是什么？

“四宫格贴纸对话技术”常被应用到焦点解决短期心理咨询工作中，一般情况下，来访者如果需要聚焦问题短期咨询的话，很适合采用“四宫格贴纸画”工具来分析来访者内在解决问题的动机、应对问题的资源和解决问题可能尝试的行动。退役运动员的退役转型一般 6~12 个月完成，退役适应也在 1~2 年完成，都很适合采用聚焦问题的焦点技术。

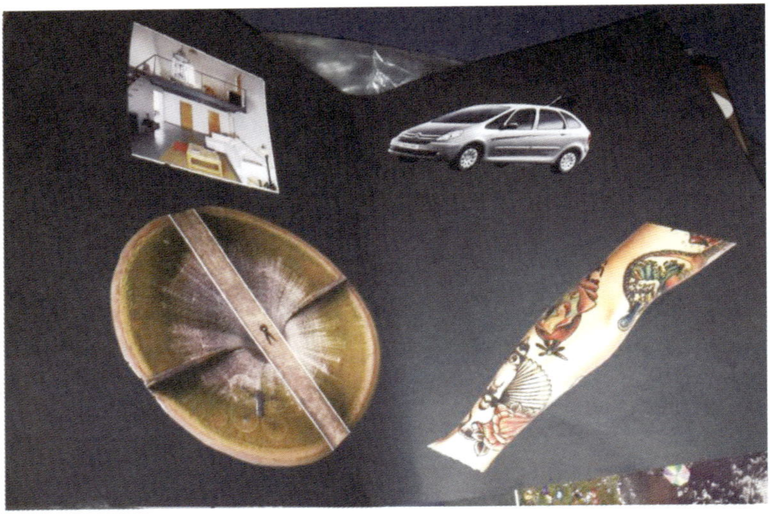

运动员“四宫格贴纸画”示例：忍耐、遗憾、心态

二、“四宫格贴纸对话技术”可以解决哪些问题？

可以帮助运动员解决不能接受退役现实、看不到未来的曙光、找不到社会支持、缺乏走出舒适圈的行动力等一系列需要短期应对的心理危机。

焦点解决短期心理咨询技术需要有咨询师和来访者，考虑到心理调节手册的自助特点，我们将咨询中的“咨询师与来访者对话”更换为“运动员与自己对话”，并引导运动员在退役转型过程中沉下心来，倾听自己内心的呼唤，寻找自己内心的能量，帮助自己走出困顿。

三、“四宫格贴纸对话技术”的应用——退役运动员心理指导案例分析

（一）基本情况

××，男，21 岁，跆拳道运动员，处于退役适应期。

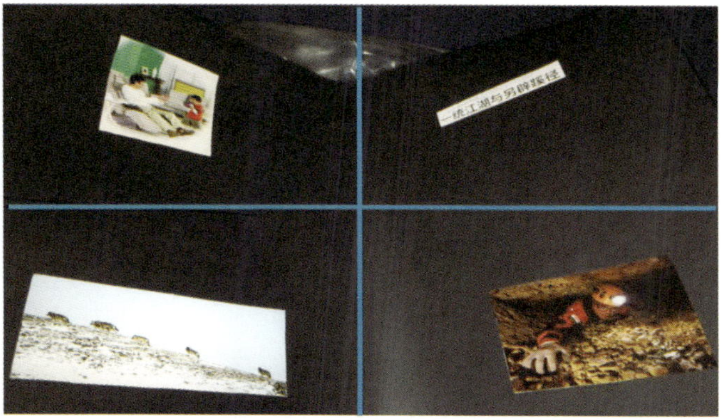

“四宫格贴纸画”操作图：自强不息、宽容

（二）心理指导效果反馈

通过这次的“四宫格贴纸画”活动，我和内心的我做了一次很好的交流，让我心里变得比以前透明，以前也会在脑中规划以后生活的方向，但是很多时候都是模棱两可，不是特别确定，贴纸画与自我对话，让我更清楚了自己的内心。我还通过贴纸画看到了自己以前的样子，不管是训练、生活，还是工作，很少有人会回想曾经的自己，大部分的人都是往前看、往前想，但这次活动让我看到了自己曾经的脾气，以前在困难时是如何解决问题的，看到了自己成长的历程，让我也对以后有了更明确的目标。

如果这个案例让你想到什么，请写下来，书写可以帮助你厘清短期需要解决的问题。

我需要短期解决的问题是什么，请写下来：

____

____

四、作业时间

（一）作业安排

制作“四宫格贴纸画”并分析自己的渴望、近期的情绪、拥有的资源及行动。

（二）作业指导

1. 四宫格制作指南

第一步：找到一张大的画纸，可以选择彩色画纸，A3 大小。

第二步：阅读四宫格对应的不同主题。

第三步：按照主题选取需要的杂志或画报或最普通的报纸上的图案或文字，找到合适的并剪裁下来。

第四步：将剪下的杂志或画报上你自己喜欢的图片，分别粘贴在画纸的四个角上，遵从自己的内心，选择自己认为合适的图片粘贴。画纸对应板块结构图如下。

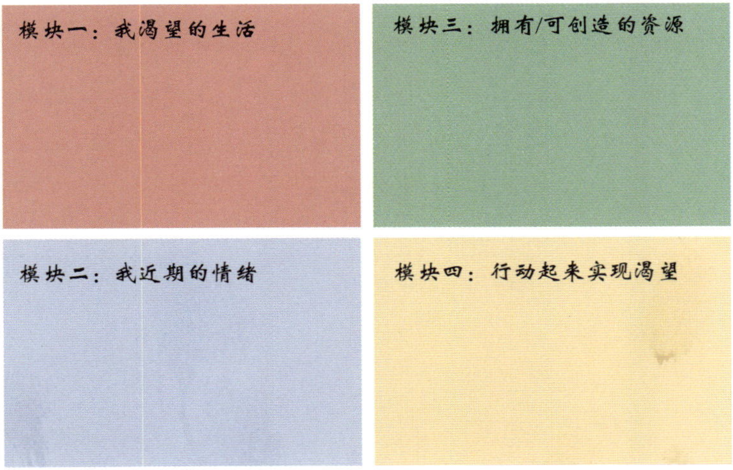

2.“四宫格贴纸画”自我对话内容指南

❖ 模块一：我渴望的生活

例如：我通过贴画发现了自己的什么渴望？

找到哪些未来的可能发展方向和努力的目标？

请将上述内容写在下面。

____

____

❖ 模块二：我近期的情绪

例如：我感受到近期的什么情绪或困难，发现了什么更深层次的渴望？

或回忆起了过去的哪些创伤，过去的事好像对我的影响还在。

请将上述内容写在下面。

❖ 模块三：拥有／可创造的资源

例如：回忆过往的经验，我寻找到了自己原本拥有的能量与资源。

这些能量与资源可以帮助我缓解现在的情绪或困难。

请将上述内容写在下面。

❖ 模块四：行动起来实现渴望

例如：我发现了自己已经做到的，以及可以继续努力做出的改变有哪些？

请将上述内容写在下面。

02

第二阶段

退役后适应

模块 1 了解自己——调整心态，适应新环境

退役后适应阶段，是运动员从正式退役到建立一个相对稳定的新生活之间的过渡时期。想要顺利地度过这一阶段，做到以下几点尤为关键。第一,完成身份转换和适应更多角色。第二,用积极的心态面对适应过程中的困难。第三,获得更多人的帮助。

因此，为了帮助你认识自己，了解自己退役后适应阶段的心理状态，更加顺利地度过这个阶段，我们为你提供了退役转型适应测评、心理弹性测评、亲密关系测评、亲子关系测评、社会支持测评、焦虑测评、抑郁测评七个自我评估的工具介绍（因版权问题，本书无法提供具体量表内容，如有需要，可自行网络检索进行测试）。

测评工具 1：中国运动员退役转型适应评价量表

【工具简介】

“退役之后我适应的状况怎么样？我还需要哪些方面的帮助？”退役转型适应水平就是用来评价运动员退役之后的转型

适应状态的指标。

通过转型适应测评，可以了解你目前所处的适应状态，了解你在与退役适应密切相关的哪些方面存在优势或者困难，便于为你提供有针对性的指导和帮助。此次测评使用的工具是《中国运动员退役转型适应评价量表》。

【工具内容】

退役转型适应水平与特征描述

适应水平	特征描述
适应优秀	适应得分优秀的运动员心理状态稳定，对现有生活的满意度较高，对新生活充满热情和动力，对如何适应新生活有明确的规划，并能够按照计划实施
适应良好	适应得分良好的运动员心理状态较为稳定，但仍需要寻求更多的他人支持和帮助，更加积极地面对转型适应过程中遇到的困难
适应一般	适应得分一般的运动员需要及时调整心理状态，由于退役准备不充分，吸纳他人帮助和支持的能力弱，使得面对困难的应对被动，不能适应转型后的生活

【工具参考文献】

闫昱新，胡咏梅.《中国运动员退役转型适应评价量表》的建立及测评 [EB/OL].[2020-08-20].https://doi.org/10.16470/j.csst.2019152.

测评工具 2：心理弹性量表

【工具简介】

心理复原力（Resiliency）是人们面对逆境、创伤等压力的情况下快速恢复的能力，是运动员退役之后能够快速适应新生活的一个关键能力。

【工具内容】

心理弹性维度与高分典型特征及退役优势

维度	高分典型特征及退役优势
坚韧性	在面对困境和挑战时，他们表现镇定，坚持不放弃。这样的运动员退役后能够积极面对挫折，大胆尝试创新，在挫折中收获成长
内心力量	在经历创伤后，内心的力量让我们越挫越勇。内心力量强的运动员拥有一往无前的勇气，去寻找新生活的价值
乐观性	即积极乐观的心态。乐观让运动员坦然面对生活中的挑战，对未来充满希望

【工具参考文献】

于肖楠，张建新. 韧性（resilience）——在压力下复原和成长的心理机制 [J]. 心理科学进展，2005，13(5)：658-665.

测评工具 3：亲密关系量表

【工具简介】

亲密关系指的是异性之间强烈吸引的关系，爱情是亲密关系的一种典型代表。在亲密关系中，每个人都有自己的依恋类型，它从我们婴儿时与父母的相处中发展而出，影响着我们在亲密关系中的行为和表现。

退役后的运动员有更多的时间与伴侣相处，但也需要学会如何相处，亲密关系测评帮助你认识自己，了解自己在亲密关系经历中的表现，更好地经营自己的恋爱关系。

【工具内容】

退役运动员亲密关系类型与高分典型描述

类型	高分典型描述
安全型	能获得更高的关系满意感，对亲昵行为更舒服，对恋人更包容，不回避矛盾和冲突，而是积极地解决问题
迷恋型	在交往中，常常扮演依赖者的角色，需要他人的照顾，又常常表现出对恋人的过分控制，失去控制感时，容易产生焦虑
冷漠型	不喜欢表现自己对爱人的情感，逃避关系中的紧张和冲突，认为恋爱关系不必刻意维持也能很稳定
恐惧型	不愿倾听和处理恋人的烦恼，不主动与恋人发生亲密的接触

【工具参考文献】

Brennan K A, Clark C L, Shaver P R. Self-report measurement of adult attachment: An integrative overview[M]//Simpson J A, Rholes W S. Attachment theory and close relationships. New York : The Guilford Press, 1998 : 46-76.

测评工具4：亲子关系量表

【工具简介】

亲子关系是指父母和子女的关系。父母和子女是血缘最近的直系血亲，为家庭关系的重要组成部分，良好的亲子关系是亲子教育的基础，只有在关系和谐的状态下，子女才会尊重父母，接受父母的教育。

有许多运动员退役之后，逐渐成为父母，但却不知道如何与孩子相处，如何表达自己对孩子的情感，造成亲子关系的僵化。本测评有助于了解你的亲子关系水平，帮助你构建良好的亲子关系。

【工具内容】

亲子关系量表得分典型特征及应对建议

得分	典型特征及应对建议
20~59	亲子关系已经有了危机，须马上调整。你需要缓和与孩子之间的关系，可以尝试与孩子多聊聊学校里的生活，试着去倾听孩子的声音，像对待朋友般给出建议，而不是严厉地去指责孩子。平时可以尝试与孩子一同参与一些户外活动，增进彼此间的联系
60~79	你和孩子的相处还算良好。尝试多花一点时间陪伴，进一步去与孩子沟通内心的想法和观念，你和孩子的关系可以更进一步
80~100	你们的亲子关系健康良好，请继续保持下去。你是一位开明智慧的家长，或许你还可以尝试着去了解孩子喜欢的东西，真正和孩子打成一片

【工具参考文献】

Parker G, Tupling H，Browm L B. A Parental Bonding Instrument [J]. Br J Med Psychol, 1979(52)：1−10.

测评工具 5：社会支持评定量表

【工具简介】

我们每个人在生活中都不是孤立于他人存在的，也离不开他人的支持，能给我们支持的人包括亲朋好友、同事领导，有时甚至是陌生人的点赞包容也能给我们带来能量，因此，社会支持的状况成为衡量运动员退役后适应程度的重要指标。

本测评工具从实际获得的社会支持即客观支持、感受到的社会支持即主观支持和对社会支持的利用度三方面进行评价，帮助你了解获得社会支持的状况。

【工具内容】

社会支持评定量表维度与高分特点

维度	高分特点
客观支持	如父母的资金支持、社会网络知识学习的支持、亲友的言语鼓励支持等，为运动员创造了良好的适应环境，客观支持就是后盾
主观支持	即个体感受到被尊重、支持和理解，可以减缓运动员骤然退役所带来的不适感以及与社会格格不入的自卑感，从而让运动员在心态上重新扬帆起航
对支持的利用度	运动员对社会支持的利用越充分，对社会支持资源的安排越合理，对新生活的适应越快

【工具参考文献】

肖水源.《社会支持评定量表》的理论基础与研究应用 [J]. 临床精神医学杂志，1994，4(2)：98−100.

测评工具 6：焦虑自评量表

【工具简介】

焦虑是人们对自己现实处境或者未来前景的担忧引起的情绪反应，其中含有紧张、不安、忧虑、烦恼等不愉快的复杂情绪状态。一般情况下，适度的焦虑是正常的，但长期的、广泛的、严重的焦虑将会对身心健康造成负面影响。

退役是运动员生涯中的一次重大事件，会让运动员产生焦虑情绪，因此，认识自己，了解自己的焦虑水平，对自己的焦虑状况有一个大体的判断，将帮助我们更好地调节自己的不良情绪。

【工具内容】

焦虑自评量表得分特点

得分	特点
≤ 50	焦虑状态不明显。你非常适应退役后的生活，从运动队转入社会的心理状态良好，合理运用自己的运动员技能与精神品质，去积极寻找新生活的目标与意义吧

续表

得分	特点
50~59	可能存在轻度焦虑，表现出紧张不安、惊慌失措、无法集中注意力，以及睡眠质量下降、失眠或者多梦等。说明你有点不适应退役后的生活，可以暂时远离焦虑源，选择运动或外出散心、和朋友倾诉等作为缓解焦虑的方法
60~69	可能存在中度焦虑，表现出明显的坐卧不安，为生活中的小事而焦虑不安，脾气暴躁，情绪大起大落。说明你不是很适应退役后的生活，需要强有力的社会支持与心理援助
≥ 69	可能存在重度焦虑，生活基本不能自理，为无须担忧的事焦虑恐慌、情绪失控、大喊大叫，晚上也根本无法入睡。说明你非常不适应退役后的生活，甚至产生了严重的心理问题，建议及时就医治疗。

【工具参考文献】

Zung W, Wk A. Rating Instrument for anxiety disorders[J]. Psychosomatics, 1971(12)：371–379.

王征宇，迟玉芬．焦虑自评量表（SAS）[J]. 上海精神医学，1984(2)：73–74.

测评工具 7：抑郁自评量表

【工具简介】

抑郁情绪，是持续时间较短的有明显诱因的情绪低落状态，其中含有沮丧、压抑、不自信、失去兴趣等复杂情绪状态。抑郁情绪不是抑郁症，但抑郁情绪有可能是抑郁症的诱因或早期症状。

运动员退役之后，部分运动员产生适应不良，容易伴随产生抑郁情绪，从而给工作生活带来一定影响，因此，认识自己，了解自己的情绪状态，对自己的情绪状态有一个大体的判断，将帮助我们更好地应对退役之后的适应。

【工具内容】

抑郁自评量表得分特点及应对建议

得分	特点及应对建议
≤ 53	抑郁状态不明显。你非常适应退役后的生活，从运动队转入社会的心理状态良好，合理运用自己的运动员技能与精神品质，去积极寻找新生活的目标与意义吧
53~62	可能存在轻度抑郁，大多数人会自我调节。虽然日常操作可能很困难，但很少受到显著影响。你有点不适应退役后的生活，建议多认识自己，了解自己内心的需要，让自己变得快乐，随着时间流逝，抑郁症状应该会逐渐消失
63~72	可能存在中度抑郁，日常工作和社会活动会受到影响。注意力集中和解决问题的能力明显受损，所以此时需要强有力的社会支持与心理支持，更需要增加对自己情绪的了解，积极调节，否则就有加重抑郁的可能
≥ 73	可能存在重度抑郁，最基本的日常活动将受到影响，有时会有错觉或幻觉。说明你非常不适应退役后的生活，甚至产生了严重的心理问题，建议你立即就医寻求专业指导

【工具参考文献】

Zung W W , Richards C B , Short M J. Self-Rating Depression Scale in an Outpatient Clinic: Further Validation of the SDS[J]. Arch Gen Psychiatry, 1965, 13(6)：508-515.

王征宇，迟玉芬．抑郁自评量表（SDS）[J]. 上海精神医学，1984(2)：71-72.

模块 2 心理危机应对小贴士

在退役后适应阶段，运动员已经脱离了运动队，离开了长期以来熟悉的环境，失去了运动员的身份，但新的社会身份还没有确立，这使得绝大多数运动员都难以很快适应退役后的生活。面对退役这样一个无法主观改变又不得不面对的事实，心理危机就出现了。

在退役后适应阶段常见的心理危机表现包括：严重的择业和就业焦虑，缺少工作技能带来的无力感，离开运动队的伤心无助，身份和动力丧失带来的迷茫，对于新工作和人际关系的恐惧等。这些心理危机如果不能很好地应对解决，会直接影响到退役转型的质量，甚至会发展成为严重的心理障碍。

我们根据对退役运动员的访谈，从运动员的转型素材中，归纳总结了在退役后适应阶段运动员面临的 11 个共性心理问题，结合心理危机应对基本知识和基本规律，整理创作了 11 个心理危机应对的小建议和小窍门，并配上了结合素材创作的虚拟故事情境，帮助你更好地理解和使用这些应对技巧。故事采用模拟困难情境的虚拟剧情设计，虚拟故事情节设计是为了更好地突出困难类型和心理危机应对的心理历程。

小贴士 1：调整心态，学无止境

“乒乓女皇”积极挑战新事物，永远在学习的路上

【小贴士功能及操作介绍】

当你发现自己从前在运动队的经历无法给自己的简历加分时，当你发现曾经在运动场上辉煌的你无法在社会中找到符合自己预期的工作时，当你退役后不想做与体育领域相关的工作但对于其他行业你却没有任何经验和技能时，可能你会后悔从前进入运动队的选择，可能你会对自己产生巨大的失望，那么我们如何正视自己、顺利满意地度过退役初期这一段艰难的时光呢？

我们来看看大家是怎么做的。

第一步：调整心态与认知。

首先告诉自己，迷茫和焦虑是正常的，这几乎是每个人进入新环境时都会产生的心理压力。

其次调整自己的想法，虽然进入一个全新的领域时我们都必须学习新的技能，但是过往的运动经历也是我们的一大助力。

第二步：虚心学习，学无止境。

可以继续进修，确定自己想要学习的专业，收集资料，了解顺利进入大学需要做哪些准备。

可以选择进入社会开始工作，确定自己想要尝试的新领域，了解这一领域需要的各种技能并着手开始学习，无论是上网课还是请教他人都是很好的途径，将自己在运动队时的精神与品质发挥在全新的学习中，不怕尝试也不怕犯错。

【对应的心理危机】

退役后找不到合适的工作，十分焦虑迷茫。

举例：我不想做与体育相关的工作了，但是找工作面试时，面试官总说我没有学历、没有相关技能，对我的打击太大，我很后悔自己之前走上了体育这条路，如果我当时正常上学，从大学毕业的我现在是不是又是另一番光景呢？

【应对虚拟小故事】

适应人群：退役后不想再做体育相关行业，但又认为自己什么都不会的运动员

主题：积极调整，重新开始

扫描二维码聆听
退役后适应阶段
的小故事

刻苦学习各式技能，跨越鸿沟转型成功

小 C 在退役后想开一家自己的柔道馆，但是却遭到家人的反对。她想：自己没有学历，也不会办公技能，除了会点儿体力活一无是处，该做点儿什么呢？她焦虑又迷茫，这时哥哥向她伸出援手——一起创业开淘宝店。

做淘宝店需要面临大量计算机编辑及后台运营的工作，但自己的启动资金不是很充足，无法雇佣员工。为了节约成本，无奈之下小 C 只能自己上手学习。她在网站上报名学习相关课程，遇到实在难懂的便请教哥哥，在哥哥的帮助下一边学习一边运营。在开店初期，小 C 几乎每天晚上都主动要求加班到夜里 12 点，她说："这是自己选择的道路，再难也要克服，不管做什么我都想要认真努力一把，认定了一件事情就要把它做好，如果实在看不到前路，那该放弃就放弃。"

在运营时还有另一个困扰小 C 的问题，那就是沟通。小 C 在日常工作中不仅需要负责店铺运营、美工、厂家沟通、货品库存，还要担当客服。担任客服需要很好的耐心及与人沟通的方式，说话直、耐心不足是小 C 十几年运动生涯里都未曾注意过的问题。

在一次售后服务中，一位淘宝买家因为几十块钱的东西就对小 C 恶语相对，小 C 从未忍受过这些，当下就骂了回去，结果可想而知，买家投诉了小 C 的店铺，小 C 的店铺遭到了扣分，而淘宝店铺如果扣分到一定程度是需要关店的。从这件事情中小 C 领悟到，不管买家再如何刁难，自己也应该调节好心情好好沟通，如果随意发泄最后吃亏的还是自己。从这以后，小 C 慢慢领悟与买家沟通的方式与技巧，客服这

一角色担任得也越来越游刃有余。

小C的店铺现在已经慢慢发展起来了，有了一定资金雇用员工缓解压力，小店的运营一步步走上正轨，取得了一定的收入。小C以她勇于探索、不服输的精神，让我们看到了运动员退役后发展的一条崭新的道路。

小贴士2：在新工作中学习新技能

退役后尝试学习新事物

【小贴士功能及操作介绍】

绝大多数运动员退役时都已经成年了，但在社会经验方面却约等于零，这就导致了大家在新的工作岗位中不具备相应的能力，在工作中处处受限，和以往运动场上的神采飞扬不同。那怎样才能在工作中变得得心应手、自信满满呢？

我们来看看大家是怎么做的。

第一步：好汉不提当年勇，不沉浸在过去的成就里，接受自己在新的工作中是个新人的事实。

第二步：遇到困难时，虚心向别人求教，空闲时可以参加一些技能培训班。

第三步：保持积极进取、终生学习的态度。

【对应的心理危机】

找到新工作后，缺少相应技能导致工作没法完成或完成质量很差，我该怎么办？

举例：退役后从事了和体育无关的文员工作，在队多年专心于训练，没时间学习其他技能，如大家都会的计算机办公软件，我该怎样才能尽快学会并运用自如呢？

【应对虚拟小故事】

适应人群：不熟练新工作中所需技能的退役运动员

主题：虚心求教、积极进取

虚心学习使你更优秀

小贾是一位优秀的运动员，当她在运动队没有办法取得更好成绩时便选择了退役，打算开启人生的下一个阶段。退役后她经朋友介绍去了一所学校做行政老师，由于之前有严重的伤病，所以这份工作对她来说是较为适合她的身体状况的。但真正接触后却发现有不少难题等着她。

运动员们长期生活在运动队，平时主要任务就是训练，对计算机的操作不是很娴熟。开始工作后小贾就发现，对别人而言很简单的Word、Excel等办公软件，对她来说都非常有难度。可是运动员都有一股不服输的劲儿，小贾并没有退缩，而是迎难而上，不会的地方就请教其他老师，一遍记不住，就把别人口述的话都写下来，空闲时自己再多练习。担心经常问同事别人会有厌烦的情绪，于是她换着问，这一个问题问同事甲，另一个问题就问同事乙。

在这个学期里，她零零散散地学习了很多计算机知识，但她没有就此止步，而是又专门报了一个计算机学习班。经过2个月的努力，小贾不但有了很大的进步，有时还能帮同事解决一些棘手的问题。就这样凭着虚心好学、积极进取的态度小贾很快学会了新的技能，适应了工作并且和周围同事相处得非常愉快。

小贴士3：多听、多学、多尝试

学无止境

【小贴士功能及操作介绍】

运动员其实具备了比普通人更多的优秀品质，如灵活、吃苦耐劳、敢于挑战等，所以要对自己有信心。在未来的生活、工作中，只需要做到不会的东西多听，不了解的东西多学，不擅长的东西多尝试，就一定会再创辉煌。

我们来看看大家是怎么做的。

第一步：找到自己感兴趣或者认可的领域，对自己有信心。

第二步：遇到困难时，主动学习，学到方法后去尝试，最终总结出一套适合自己的方法。

【对应的心理危机】

转行去做教练员，专业技能没问题，但不会处理人际关系，我该怎么办？

举例：退役后从事和体育相关的工作，但以前是当队员，现在是当教练员，教授运动技巧没问题，可是当教练员必须要能够管理学生，我拿捏不好度该怎么办呢？

【应对虚拟小故事】

适应人群：从事教练员等职业但不会管理学生的退役运动员

主题：主动学习他人经验并灵活运用

多听、多学、多尝试

小刘自主退役后，怀着对项目的热爱想进入俱乐部当教练。但由于自己的项目相对来说较为冷门，学生很少，所以最后只好去和自己项目有共通点的俱乐部做助理教练。他的主要工作就是带着学生做一些体能训练，如热身、器材准备、课堂辅助练习等。这些对小刘来说是小菜一碟，但新工作肯定有挑战，就是学生的纪律问题。小刘觉得管理学生的尺度很难拿捏，如果太严厉，学生整节课都很闷；但如果太放松，学生纪律又很差，大家总是在乱跑乱跳、打闹说话。直到有一天主教练和小刘特意强调了课堂纪律，他才意识到必须尽快解决这个问题。

于是他主动向其他助理教练学习经验，不是自己带学生时，他都去旁听其他教练的课，学习他们是怎么管理学生的，是怎样让课堂既不沉闷又不失纪律的。观摩了好几位教练的上课模式，他也摸索出了一套自己的方法。主教练看到了学生的变化，很认可小刘的方法和遇事就努力解决的态度。小刘的这份工作很快就得到了大家的认可。

没有任何管理经验的小刘就是凭借多听、多学、多尝试做好了自己本不擅长的工作。成功的路上也许有捷径，如果有，那一定是多听、多学、多尝试。

小贴士 4：退役后的创业旅程，学习为你保驾护航

退役运动员创业经营花店

【小贴士功能及操作介绍】

选择创业，尤其是刚退役没什么准备就开始创业，无疑是个大胆又冒险的决定。无论曾经作为运动员有多么耀眼的成绩，在运动队里的经验也很少能在创业上给予帮助，创业的一切几乎都是从零开始。可能一筹莫展止步不前，也可能逞强去做后却把事情搞得一团糟。归根结底都是缺乏创业的知识技能与经验。立志学习，并且找到适合自己的学习方法，才能不断收获知识和技能，再结合创业实践，才能更好地发展事业。

我们来看看大家是怎么做的。

第一步：认识到知识技能的重要性，并且立志学习。越不会越要学，网络时代可以通过多种渠道学习自己缺失的技能，弥补自己的劣势。

第二步：将学习的内容结合实践，仔细分析创业中遇到的问题，并将问题分配给擅长解决的个人，要求其解决相应问题，做好管理层面的事并在实践中学习。

【对应的心理危机】

在创业中因为没有专业知识技能，导致事业面临倒闭，我该怎么办?

举例：在创业过程中，因为缺少社会经验与相关的创业技能，面对新的事业一窍不通，运营管理混乱，给事业带来非常严重的后果，一度濒临创业失败。

【应对虚拟小故事】

适应人群：创业不顺的退役运动员

主题：学习解决问题

退役后的创业旅程，学习为你保驾护航

小原退役后经过深思熟虑，和朋友一起开了一家体育俱乐部。在俱乐部成立之初，她负责管理运营和宣传工作。但运动员出身的她并没有管理方面的经验，把俱乐部的管理搞得一团糟。差劲的管理再加上俱乐部地理位置不好，项目规划上也存在问题，小原的俱乐部几乎濒临倒闭。

小原经过认真反思，认为问题出在她没有专业的经营管理相关知识上。于是她沉下心来开始学习。她在网络上学习大量与创业经营管理相关的视频课程，在休息日参与各种线下组织的培训活动。在学习理论知识的同时还积极实践，熬夜制作宣传方案，绞尽脑汁想各种政策活动……累自然是累的，但是付出就有回报，渐渐地，随着她把学习到的管理知识和技巧应用到实践中，俱乐部的经营情况开始好转了。

尝到了坚持学习的甜头，小原甚至还利用创业的业余时间自学参加了大学的体育单招考试，成功在四年后拿下了本科学历。"种一棵树最好的时间是十年前，其次是现在"，想要取得创业成功，必须具备与其相关的知识和技能，因此必须坚持学习。小原遵循着这条人生哲理，在退役后积极努力地发展自己的新事业，取得了不错的成绩。

小贴士 5：万全准备，等待机遇

好风凭借力，奋斗正当时

【小贴士功能及操作介绍】

每个退役后的运动员都有一身过硬的专业本领，退役后会想着通过自己的专业技能回报社会，将自己多年的训练经验传承给下一代。但现实有时候却不尽如人意，机会可遇不可求，并且稍纵即逝。那么，自己可以做的就是完善自我，提升自我，不断地发现、寻找机遇，在机会来临的时候，能够以最好的状态去抓住。

我们来看看大家是怎么做的。

第一步：深入研究自己的目标工作，发现能够进一步完善提升的方面，进行全面准备。

第二步：保持良好心态，等待机会，以最好的状态去迎接机遇。

【对应的心理危机】

退役后，没有好的机会施展自己的抱负才能，我该如何抉择？

举例：离开了自己付出青春的运动队，收获的是一身过硬本领，想要将自己的专业技能传承给下一代，但没有很好的机会，我要不要继续提升自己，完善各个方面的准备，等待机会的来临呢？

【应对虚拟小故事】

适应人群：郁郁不得志，止步不前的退役运动员

主题：万全准备，等待机遇

时刻准备着

年少有为的怀才是一名击剑运动员，年纪轻轻就包揽各类奖项，并且是多项比赛的冠军。但怀才 23 岁的时候因为一些不愉快的事情，在青春正盛的年纪选择了退役。他并没有抱怨，也没有一蹶不振，而是继续奋进。

怀才想要将自己专业的专项技能尽全力传授给下一代运动员，为国家培养优秀的运动少年，为击剑项目贡献自己的力量，他也一直在为了自己的梦想做着很多努力。但机会的来临并没有那么顺利，一直没有合适的机会。但他没有就此放弃，而是更加努力。在等待机会的时间里，他从未停止过训练，为了能够全面提升自己的能力，一方面，他经常看一

些专业的书籍，研究专业教练员应该具备的基本素养，以及如何才能更好地培养小运动员、深入了解小运动员的各个方面特征等，同时，他还不断地扩展自己的人脉，向别人学习各种相关技能，如心肺复苏、体能锻炼的方法等，只要是自己目标所需要具备的技能，他都会用心钻研，能够利用的资源决不放过；另一方面，他还免费带了两个有意愿的孩子学习击剑，将学习应用于实践，因材施教，不断地思考、总结经验，这样不仅能够巩固自己专项，提升自己的带队能力，而且能够从小培养孩子对击剑这项运动的热爱，之后有机会投入击剑这项运动之中。怀才不断地完善提升自己，做好了一切的准备。

怀才心中的信念鼓励支撑着他不断前行，做好了万全的准备，为了将来机会来临的时候，自己能够立刻抓住，不掉链子，全力以赴，可以给中国击剑领域输送一批又一批的体育人才、奥运健儿。

小贴士 6：放空身心，走出阴霾

从飞人到凡人或许是种解脱

【小贴士功能及操作介绍】

多年的运动队生活，让运动员把这里当成了自己的第二个家，对运动队有着深厚的感情。退役现实摆在面前，难过、不舍、失落、消沉的情绪交织在一起，构成了运动员刚退役时的情感基调，这是一种很正常的心理状态。与其忍受着痛苦投身接下来的生活，不如彻底放空身心，给自己一个缓冲的时间，调整好状态，清理好头绪再出发，以更饱满的热情投入下一段人生旅途。

我们来看看大家是怎么做的。

第一步：以自己舒服的方式，放松身心，舒缓情绪，享受休闲时光。

第二步：寻找内心的平和，思考未来方向，带着调整好的心态，踏上新征程。

【对应的心理危机】

退役后不舍运动队的生活，感到伤心无助，失落低迷。

举例：退役后不知何去何从，对于运动队充满不舍，情绪低迷，对未来没有兴趣，我该怎么办？

【应对虚拟小故事】

适应人群：退役后失落低迷、自我放弃的运动员

主题：放松心情，享受休闲时光

整理心情再出发

6 岁便开始接触体育运动的郑毅，把运动队当作自己的第二个家，他喜欢运动队的氛围，热爱自己的专项，把队友和教练当作家人一般。但即便如此，他还是要面对退役的现实。

在郑毅 22 岁的时候，因为伤病不能再继续进行比赛，即便是坚持训练也不能够再打出好的成绩。但郑毅不想就此放弃，于是在停训期间，他开始作为助理教练，在队里带小队员。虽然自己不能再继续训练、比赛，但每天看着这些小队员们训练，也并没有觉得和之前有什么不同，自己还是能够享受在运动队的氛围之中。但不得不面对的退役现实还是摆在他的面前，当真的要退役的时候，郑毅才感受到离开运动队的冲击和反差，这让他感到十分的痛苦。他不舍离开运动队的生活，不舍放弃自己的运动项目，但这一切终究还是要面对。

刚退役的郑毅对运动队充满了不舍，心情很是压抑，没有对未来的憧憬和规划，对什么都提不起兴趣。于是，郑毅便决定回老家休养一段时间。在这半年的空档期里，郑毅消沉过，低迷过，但也沉下心来去享受空闲时光，不断地思考着未来。他是一个不爱闲着的人，慢慢地觉得自己这么一蹶不振，不是自己想要的，他喜欢充实的生活，喜欢让自己动起来、忙起来，这样相对就没有那么焦虑了。于是郑毅便收拾好心情，开始重新出发，寻找新的人生方向。

小贴士 7：退役后调整作息规律，做生活的主人

顺应时代的发展，成为艺人，引领自己的生活

【小贴士功能及操作介绍】

很多优秀运动员已经在他们的运动生涯拼尽了全力，挥洒了汗水，奉献了青春，如今即将退役，他们无力改变这一事实，却又不得不接受这一事实。运动员退役后心有不甘，却又无能为力，从而陷入迷茫，进入生活的停滞阶段，严重的甚至会出现焦虑、抑郁。这个问题困扰着很多运动员。

顺其自然，就是竭尽所能之后的不强求，而非两手一摊的不作为。既然我们无力改变现在的局面，就试着接受它，接受事实，迎接新生活，就是一种作为。

我们来看看大家是怎么做的。

第一步：从心理上接受退役这一事实，看似是对过往的妥协，实则是对当下的肯定和对未来的期望。

第二步：对即将到来的新生活有一定的心理预期，并做出

适当的规划。有仪式感的生活往往更容易适应。

【对应的心理危机】

退役后我适应不了新的生活方式和社会节奏，甚至日常生活作息都被打乱，我感到迷茫。

举例：

（1）我多年在队训练，已经适应了这种生活，退役后我甚至不能适应新的作息规律，这让我很焦虑。

（2）我很小就进了运动队，平时训练都是封闭式的，很少与外界接触，退役后发现现在的社会节奏跟我小时候完全不同，我有点无所适从。

【应对虚拟小故事】

适应人群：退役后对新生活适应不良的运动员

主题：时代在变化，顺应时代

顺应时代，方能展露才华

取得过辉煌成绩的游泳运动员小魏由于伤病和年龄的原因退役了，但出于对游泳这个项目的热爱，退役的小魏决定留在游泳这个圈子里发展。经过一番思考，体校出身的小魏决定去做教练，用自己多年的经验来为国家培养优秀的游泳运动员。但进入这个行业后，小魏发现一切没有他想得那么简单。他辛辛苦苦发掘出来了几个好苗子，并想好好地去培养他们，但奈何家长不同意。而长期在队封闭训练的小魏又很不擅长人际沟通，纵然知道家长是心有疑虑，不放心自己的孩子，但小魏却无法通过沟通来很好地解决这个问题，这让小魏一度陷入了迷茫。想到当年自己去体校训练时，都是家长求着教练收下他，到了现在教练发现了好苗子还得反过来求着家长，小魏不禁感叹：真是时代变了啊！

在经历的短暂的迷茫后，小魏告诉自己：时代在变，我的方式也要变，事在人为，要学会顺应时代的发展。他开始虚心向同事学习，同事与家长沟通时他便在一旁静静地听，听得多了便也有了自己的感悟。他发现与家长沟通，一定要在结合当下的政策并了解家长的需求后去进行，这样才能让家长对体校有更深入的了解，解除家长心中的疑虑。在经历了几次成功后，小魏也渐渐地走出了迷茫。

不经历风雨哪能见彩虹，现在的小魏已经成为一名优秀的教练，先后培养出了多个进入了市里前三名的好苗子。在工作之余小魏也不断地告诉自己：没有任何一项工作是一成不变不需要学习的，当教练也是如此，只有多学习、多了解国家政策，才能跟上时代发展的脚步！

小贴士 8：给自己的人生充充电

学习是最好的充电

【小贴士功能及操作介绍】

面对人生的岔路口，求生存的本能会使运动员选择被动就业，但在这之前运动员可以做好充足的准备，主动接受退役现实并且积极地付诸行动。例如，参加各种感兴趣的培训班，读大学进修，考取相关技能证书等来提升自我。如此便能抵消退役后的迷茫与焦虑感，同时还能够挑战自我，提高自己除运动专项之外的生存技能，从而更快、更好地融入社会的大环境。

我们来看看大家是怎么做的。

第一步：接受自己已经退役的现实，及时做好规划。

第二步：与自己对话，找出职业方向，并了解感兴趣的方向所需的职业技能。

第三步：战胜自己，提高自身能力。

【对应的心理危机】

面对退役的冲击，要从何处着手突破无力感？

举例：

（1）年龄到了就退役，退役后也不知道能做什么，除了训练我啥也不会，想做教师，考教师资格证是大问题，计算机也一窍不通啊，我能怎么办？

（2）退役了，面对这么多选择，我是继续做自己的骄傲，还是屈服于社会生活的高压，我有得选吗？

【应对虚拟小故事】

适应人群：退役后有意向做体育教师但遇到困难的运动员

主题：可以提升的生存技能——教师资格证

烧不尽的小草

小草退役后因为之前规律的生活被打破，有些不知所措。就在这时，小草的朋友小丽提议说："我们两个也没有别的本事，要不然咱俩就去做个体育老师吧，咱俩的体育本领可不能荒废了。"就这样小草和小丽踏上了做老师的征途。

小草本来预想到了做老师有很多困难，但是没有想到的是还有教师资格证这个拦路虎在。教师资格证她足足考了两年，四次。之前小草几乎从来没有接触过学习，对学习可谓一窍不通，即使报了班，也跟不上进度，但是她从来没想过要放弃，因为她很迫切。她想考下教师资格证，来补充她所欠缺的文化知识部分。考不过怎么办呢？虽然考不过，但是她会发现自己每次考完都有进步，她会总结每次考试的重点。并且她一到考试前，就和小丽两个人互相提问问题，互换一些考试资料和自己对考试重点的见解，就这样，小丽和小草靠着不放弃的精神终于获得了教师资格证。

小草和小丽靠着自己不屈不挠的意志完成了自己退役后的第一次充电，战胜了退役后的不适感，并朝着光荣的教师之路不断前进着。

小贴士 9：退役角色转换困难，教练员鼎力相助

源自职业化团队支持下的荣耀

【小贴士功能及操作介绍】

身份转换是运动员从对其运动身份的认同转换到对其他社会身份的认同的过程。这对于运动员来讲是一个极大的挑战。从优秀运动员到没有工作的状态，一时是很难适应的，我们需要他人的帮助。在这个过程中，我们把来自家人、朋友、教练员等的关心和帮助，统称为社会支持。当退役适应困难时，在自己熟悉的环境中寻找社会支持，如寻求教练员的帮助，可以让我们更好地实现身份转换。

我们来看看大家是怎么做的。

第一步：焦虑解决不了任何问题，要积极寻找解决问题的

办法。

第二步：在熟悉的环境中寻找社会支持，如主动与教练员沟通，表明自己的想法或困惑，寻求教练员的帮助，实现身份的转换。

【对应的心理危机】

退役后身份转换困难，想继续留在队里，我该怎么获得教练员的帮助？

举例：当时在队里属于上升的趋势，因为受伤实在练不了了，但还没有达到自己的目标，感到遗憾，不想离开圈内，那我该以一种什么样的身份留下呢？我可以寻求谁的帮助呢？

【应对虚拟小故事】

适应人群：退役后想继续留队的运动员

主题：在熟悉的环境中实现身份转换——教练员的支持

退役适应困难——教练员鼎力相助

离开了运动队的小刘脑子一片空白，对于未来毫无准备。留在运动队成了她的第一选择，但该以什么样的身份继续留在队里呢？又可以寻求谁的帮助呢？

思来想去，小刘觉得教练是自己最熟悉的人，也是最了解自己的人，从教练那里能够感受到温暖，于是她决定寻求教练的帮助。小刘找教练谈论了对退役后生活不适应的状态，同时表达了想要留队的想法和对未来发展的规划，表明自己留队后认真带队的决心。教练了解情况后，非常理解她，并表示可以让她先留队帮助带队员，同时学习一些管理队员的方法，积累一定的实践经验，慢慢地在熟悉的环境中为实现身份转换奠定坚实的基础。就这样，小刘在队里当起了助理教练。最初她没有教学经验，根本不知道如何带队，教练会很耐心地教她如何安排练习内容，怎么控制练习的强度，怎么进行有针对性的训练……在教练的帮助下，小刘积累了丰富的教学经验，顺利完成了从运动员到教练员的角色转换。

其实我们运动员在转型的过程中会遇到很多困难，但请相信，我们并不是一个人在战斗，身边的教练、朋友、家人都会向我们伸出援助之手，关键是我们要学会获取别人帮助的方法，例如，遇到困难时主动找教练沟通，说明自己的情况、想法或困惑，寻求帮助。

小贴士 10：突破舒适圈，获得新成长

“体操王子”李宁退役后突破自我，成立了属于自己的运动品牌

【小贴士功能及操作介绍】

在运动队时，我们面对熟悉的环境，熟悉的人，熟悉的事，我们习惯这种让人自在的环境，不愿意去打破，这就是我们生活的舒适圈。但是退役运动员步入社会后，可能会面临危机，会下意识地选择挣脱，一旦我们对现有的一切感觉适应、舒服，久而久之，也许这种舒适圈是让人担忧的。面对压力，有的人乐观，有的人悲观。乐观的人积极去配合学习，强大自我，而悲观的人会选择顶风前行，如果顶不住压力可能会选择另谋高就。就像鸡蛋，从外面打破可能就是个炒蛋，而自己从内部打破则是一个新生命、新成长。

我们来看看大家是怎么做的。

第一步：学会沟通，了解对方和自己的需求，达成目标。

第二步：相信自己的同时，勇敢地突破自己，赢得自我成长。

【对应的心理危机】

初入社会，不太适应现在的工作，我是不是要学会突破自己，适应工作的需求呢?

举例：因自己的性格比较内向，不太善于与人沟通交流，但是现在的工作却要求我主动与他人打交道，这时我该怎么办呢?

【应对虚拟小故事】

适应人群：初入社会遇到问题不知道怎么办的退役运动员

主题：主动沟通，突破自我，获得成长

沟通的成长之路

从运动队到社会，向真成为社会人的最大感受就是了解到了沟通的重要性，但是从小就是内向性格的向真，似乎很难做到主动跟人沟通。

那时的向真年龄小，跟家里沟通少，有些叛逆，凭借一股冲动，就选择了退役。退役后她到连锁零食商店工作，干起了销售的活儿。原以为销售就是有人来了，给顾客结账就好了，再加上不敢主动与人交流，所以向真只是一直在一个地方站着，等着顾客主动向前。过了几天，向真发现没有一个顾客找她。她开始怀疑起了自己，感觉自己什么也不会。店长看到这一幕告诉她，要想干好销售这一行，要学会说，学会主动与顾客沟通。向真想：主动一点儿，说起来容易，可是做起来很难啊，自己从小就是那种不会说话，不会主动跟人聊天的人，甚至主动打招呼都会觉得不好意思，更别说交流卖货了。可是要想提升业绩，做好这份工作，我必须要大胆一点儿，即使对我来说很难，我也要勇敢接受这个挑战。跟店长交流之后，内向腼腆的向真开始学着突破自己的舒适圈，从第一句欢迎光临开始，然后主动跟客户打交道，给顾客推荐商品，介绍商品。业绩逐渐好了起来，也得到了店长的认可。向真从一个运动员到一个初出茅庐学会沟通的社会新人，她实现了自我突破，获得了自我成长，也体会到了在工作岗位上的价值。

改变从来不是嘴上说说就能改变的，而是身处当下的环境，你不得不改变的，当你迈出了那一步的时候，你才会发现，这没什么了不起。

小贴士 11：接受因伤退役现实，化危机为转机

正确看待伤病，从中找到启发

【小贴士功能及操作介绍】

对于运动员来说，伤病是他们在役时最怕遇到的问题。有人说，伤病是运动员最大的敌人。因为伤病无法继续自己运动专项的运动员比比皆是。退役后，大多数运动员都会面临很长一段时间的自暴自弃，甚至几年、几十年都没有办法从自己伤病退役的事件中走出来。但是,伤病就是运动员永远的阻碍吗?

遇到这种状况，我们来看看大家是怎么做的。

第一步：因伤病不得已退役后，积极接受伤病治疗。

第二步：转换思想，虽然因伤退役，但是可以“因祸

得福”。

第三步：结合自身情况，从伤病中获得启发，化危机为转机。

很多运动员都是在一种被动的情况下选择退役，本身就对运动有着极深的情感，这让一直从事某一专项的运动员难以接受。在这个过程中，运动员最重要的是要积极配合伤病的治疗。在治疗时，也要积极看待自己的伤病。伤病并不是我们继续从事自己事业的阻碍，即使不是在役运动员，我们依然可以选择自己热爱的运动。从伤病的事件中认真思考，发现其中的启发点，最终接受退役现实，正确看待伤病，从伤病危机中寻找适合自己的运动事业，获得人生新转机。

【对应的心理危机】

面对生病退役的事情，是应该自暴自弃、消极应对，还是认真思考，从中获取转机呢？

举例：因为伤病接受治疗，只能选择退役。退役后，正确看待伤病，认真思考伤病的原因，从中获得启发，成功创业。

【应对虚拟小故事】

适应人群：无法接受因伤病退役的运动员

主题：伤病是运动员最大的敌人

退役不是终点

伤病是运动员最大的敌人。真的是这样吗？

小安曾是一名出色的国家队足球运动员，但是突如其来的伤病给他带来了极大的困扰。小安的伤病已经很严重了，尤其是小腿，已经到了要手术截肢的程度。出于对身体的考虑，小安选择了退役。退役后，小安开始思考，为什么我的伤病会严重到这种程度呢？回顾以往的运动经历，他发现自己没有掌握好运动锻炼的力度。他不希望其他人也跟自己一样，于是，他在退役后认真学习运动技能的知识，在随后创办的青少年足球俱乐部中，将注重运动力度的理念运用到教学中，得到了家长的认可，家长纷纷表示把孩子交到小安手里是最放心的。关于小安的腿部治疗，小安觉得外面的康复理疗费用太高昂了，很多退役运动员收入并不是很可观，这时，他又萌生了另一个创业想法：自己去学习理疗知识，亲手创办一个理疗馆，将费用降到退役运动员可以接受的范围内。这样既可以接受康复理疗，又可以为自己带来利润。

所以，伤病是运动员最大的敌人，其实并非如此。小安就是将伤病转化成一种机遇，成为自己创业之路的指路标。

模块 3 心理援助工具箱

退役运动员在退役转型的各个阶段，都需要掌握一些心理调节的技术，不断给自己补充心理能量。只有心理能量充足，才可以积极做好心理准备迎接退役转型过程中出现的心理危机。退役后适应阶段要完成身份转换，去适应更多角色，要用积极的心态面对适应过程中的困难。

因此，在退役后适应阶段给大家提供了两个心理调节技术：情绪对话技术和多身份转换技术。情绪对话技术能够在你被负面情绪困扰，无法走出时，帮助你摆脱负面情绪，走出困境，获得新生；多身份转换技术能够让你认识到自身多重身份的能量，并把各个身份的资源流转起来。下面来进行了解和操作吧！

使用指南：

每个工具箱都包括三个部分：（1）心理调节技术简介；（2）心理调节技术能够帮助解决的问题；（3）作业时间。

运动员在查阅每个工具箱时，首先对该心理调节技术做简要了解；其次根据可解决的问题模块思考自身想要解决的困惑与问题，即需要解决的心理危机；最后针对问题，进行该心理调节技术的操作，从而达到解决的目的。

我们在这一阶段，重点给大家介绍了情绪对话技术和多身份转换技术工具箱，除此之外，其他阶段的工具箱也可以按运动员的需要交替使用。

心理调节技术1：情绪对话技术

一、“情绪对话技术”是什么？

“情绪对话技术”是利用正念的一种去自我中心技术。所谓“去自我中心”，就是把自己从围绕自我的强烈内部体验中释放出来，从自己纠缠的思想中摆脱出来，让自己完全参与到当下的活动中，把注意力完全放在行为任务上，从自我关注转向任务关注，让自己完全融入行为过程。通俗地说，就是通过一系列的操作，让人摆脱钻牛角尖，把注意力转移到当下的任务上来。这是一项很适合处在退役转型期和退役适应期运动员的技术。

二、“情绪对话技术”可以解决哪些问题？

可帮助运动员解决因某些突发的客观原因退役，一时之间无法接受退役现实、家庭变故、事业打击等一系列可能引起负面情绪的情况。

情绪对话技术将通过心理咨询使来访者意识到负面情绪，从而将其转移。考虑到心理调节手册的自助特点，我们也可以将这一技术称为“负面情绪停一停”。让运动员意识到自己的不良情绪，发现症状，了解其带来的危害，最终通过去自我中心的技术转移出来，找到新的关注点，帮助自己走出情绪的困境。

三、作业时间

（一）作业安排

下面我们一起来进行情绪对话吧！

（1）请写下来你现在的负面情绪：

____

（2）请写下负面情绪的出现所带来的一些症状表现：

____

（3）请思考这些负面情绪如果持续出现的话，将会给你带来什么：

____

（4）负面情绪停一停，使用去自我中心转移情绪。

（二）作业指导

“去自我中心”操作步骤

第一步：找到注意的焦点，即你所写下的负面情绪。

第二步：进行去自我中心操作，从负面情绪中跳出来。

第三步：练习，针对去自我中心进行忘我练习。

第四步：情绪转移。

熟练应用去自我中心技术后就可以做到与情绪对话，更好地控制自己的情绪，将注意力转移到当下。

当你能够轻松地做到以上几点，并完成了小练习，那么恭喜你，你已经掌握了转移情绪的小技巧，可以运用情绪对话技术来进行自我调节了。

如何掌握去自我中心这个小技巧呢？来跟着我们一起做几个小练习吧。

1. 忘我练习

数字练习

准备一支笔和一个本子，找个舒适并方便你书写的地方坐下来，然后在内心从 1 开始数数，边数边写。

在写数字的过程中，你会发现你的脑海中会出现很多与写数字无关的想法，当这些想法进入你的意识时，你会很容易受到它们影响而写错数字，此时把你的注意力从这些想法拉回到写数字上。刚开始做这个练习的时候可以从 1 写到 100，速度慢一点。当你能够做到从 1 写到 100 而没出现错误时，可以加快写数字的速度，并延长所写数字的序列长度（如从写至 100 延长至 200），直至你能快速从 1 写到 1000 而不出现错误。

2. 忘我行为练习

正念洗脸、刷牙

每天早上起床后，我们都会洗脸、刷牙，请用正念的方法去完成这些每天例行的事情，让自己真正地参与进去。从打开水龙头开始，留意自己的每个动作，当你刷牙的时候，要清楚地感知到你正在刷牙的动作。当你的手接触水流的时候，要清楚地感知到水流过自己皮肤的感觉，不要放过任何一个动作和任何一种感觉。如果你发现自己的内心有很多与洗脸、刷牙无关的想法，就让自己从这些想法中抽离出来，并重新回到正在进行的动作上。

正念洗衣服

不要一次洗太多衣服，只要挑出 3 件或 4 件衣服来洗，用最舒适的姿势坐着或站着，以免背痛，放松地搓洗衣服。注意自己双手和双臂的每个姿势，注意肥皂和水，当你把衣服搓洗干净了，你的身心应该会感到像衣服一样干净清爽。记住，当你的心开始散乱，就要保持微笑并注意你的呼吸。

心理调节技术 2：多身份转换技术

一、“多身份转换技术”是什么？

我们每个人在社会中生活，面对不同的生活情景有不同的身份。例如，运动队里的教练员，在工作上，他是一名教练员；在家里，他可能是一名家长；在他的父母心中，他是一位孩子；

曾经，他可能是一名运动员。我们的每一种身份角色的现状，都会影响其他身份的发展状态。

运动员长期封闭式在队训练，大多数时间都是作为运动员身份。面临退役，不仅要离开熟悉的环境，同时也意味着失去了运动员的身份，因此会感到不知所措，不知道自己今后应该做什么。多身份转换技术倡导大家认识到自身多重身份的能量，并把各个身份的资源流转起来。

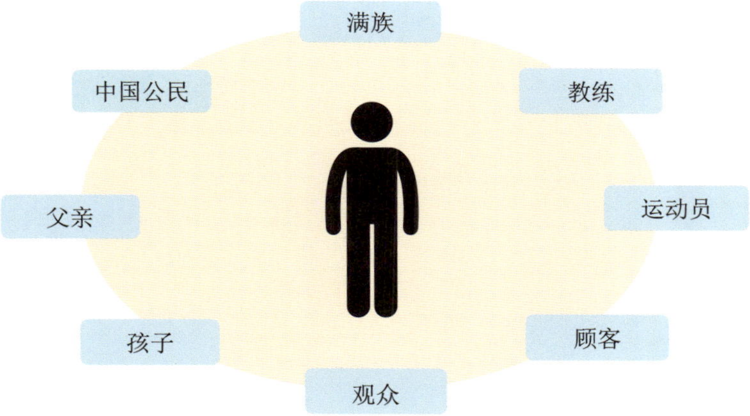

二、“多身份转换技术”可以解决哪些问题?

当运动员面临长时间没有自我突破而感到困顿迷茫，或是面对退役一时无所适从，或退役后对生活失去控制感等情况时，就可以尝试使用本技术来认清自己的能量所在。

三、作业时间

（一）作业安排

熟悉并掌握“我”的多身份认知过程。

要想掌握“我”的多身份认知，首先要了解每个身份对于“我”的意义。“我”就是整个盛开的花朵，每一个身份都是我的一部分，像花朵的花瓣。感受“我”的每一瓣花瓣，体会每一瓣的优势和劣势，这样每个花瓣才能够帮助其他花瓣达到更好的状态。

第一步：找到一张大的画纸，可以选择彩色画纸，A3 大小，画上属于“我”的五瓣花。

第二步：阅读五瓣花每个花瓣所代表的资源，想象出“我”的五瓣花在哪一瓣最旺盛，哪一瓣还不够盛开。

第三步：按照每个花瓣的对应的身份，感受并写下“我”的五瓣花中盛开的资源。

第四步：将花瓣平铺在地面上，把“我”的脚慢慢放在花瓣上，在花瓣上短暂停留，感受每瓣花上的能量，并慢慢在花瓣间移动双脚。

第五步：感受完毕，收起五瓣花。

“五瓣花多身份转换”操作示意图

（二）作业指导

1.“五瓣花”操作指南

第一个花瓣代表躯体身份:性别、年龄、外貌、身高、体重;

第二个花瓣代表社会身份：生长中的家庭教育和影响了我们的家长、配偶、朋友；

第三个花瓣代表专业身份:与工作有关的头衔，教育背景、地位、角色、技能、工作和收入等；

第四个花瓣代表精神身份：信念、价值观、宗教信仰、无神论和世俗主义；

第五个花瓣隐藏和揭示秘密身份：由两种秘密组成，当只有我们愿意展示的时候才会揭示出的秘密和我们自己还没有意识到的秘密。

2.“多身份转换”自我对话内容指南

❖ 模块一：每个身份都是我们的一部分，包含了我们的优点和缺点——资源

例如，我常年训练，身材姣好，精力旺盛，我还年轻，这给我很大的信心，但是我也经历了很多伤病，有些到现在还没有痊愈；我发现我的专业身份能量很足，作为运动员我对自己的运动成绩很满意，这些荣誉是我自豪的资本，但是这些骄傲让我无法低头，我不愿再去尝试新的领域。

请将你的优点和缺点写在下面：

____

____

____

____

❖ 模块二：每个身份都能帮助其他身份达到渴望的良好状态——盟友

例如，我最近受伤了，但是这段时间在家养伤和父母相处的时间变多了，弥补了之前的空缺（躯体身份与社会身份）；曾经在比赛场上取得的成绩，让我更加有信心，有勇气去克服困难（专业身份与精神身份）；我退役了，不再是运动员的身份，但是以后也不需要高强度的训练，可以好好休养身体了（社会身份与躯体身份）。

请将你渴望的良好状态写在下面：

____

____

____

____

❖ 模块三：从身体、情绪、认知、行为、身份五个方面去应用五种身份

例如，在身体方面，什么器官可以帮助我发现解决方案？在情绪方面，什么情绪可以帮助我解决问题？在认知方面，哪些新的信念可以进入我的解决方案中？在行为方面，解决问题之后，我的生活会是什么样子的？在身份方面，探索解决之后，我会是谁？

请将上述思考结果写在下面：

____

____

____

第三阶段

新身份建立

模块1 了解自己——勇于实践，探索新身份

新身份建立阶段，是运动员经历适应阶段的磨合后，正式开始新的生涯，运动员最终选择的新身份，也许是做一名教练员，也许是老师，也许是回归家庭。

想要顺利建立新身份，关键就是新职业生涯的探索和确立。运动员从运动队退出之后，由于文化基础相对较弱，工作相关技能掌握不足，在探索和选择新职业时往往会出现困难，因此在择业之前，运动员需要充分了解自己在职业生涯选择方面的适应能力和自信心。为此，我们提供了生涯适应力测评和择业自我效能测评两个评估工具介绍，帮助你了解自己，更好地挖掘自身潜在的能力。

在众多新身份中，创业是众多运动员的选择，在当前社会经济背景下，退役运动员自主创业也是国家政策大力引导、支持的道路。因此，创业胜任力测评帮助你更全面地认识自己，了解自己在创业方向上的优势和不足，为你在自主创业的路上提供努力的方向，让你在创业之路上更能坚持，去实现自己的创业梦想。

在经历过适应阶段的磨合后，新身份建立阶段的我们已经

能够从容对新的生活进行规划与设计，面对挑战时也形成了较稳定的应对方式，因此，有必要对自己的应对方式进行评估和梳理，做到更加全面地认识自己、了解自己，更好地应对新身份建立后要面对的新的挑战。

生活满意度测评帮助你评价你的主观幸福感，是评价退役后新生活适应程度的主要指标，让你对自己的幸福感有一个量化的标准（因版权问题,本书无法提供具体测评内容,如有需要,可自行网络检索进行测试）。

测评工具 1：生涯适应力测评

【工具简介】

生涯适应力是一种在面临职业生涯发展变化及陷入危机事件时，能够应对处理的心理能力。它是一个人职业发展的核心能力和取得成功的关键能力。是能够调整自身的状态，以适应身处的环境变化，达到最佳的生涯发展状态的能力。

在新身份建立阶段，生涯适应力是能否顺利建立新身份、开启新职业生涯的重要指标。如果拥有良好的生涯适应力，就能更快地适应新的身份、工作，反之则需要更长时间适应，甚至难以适应而陷入心理危机之中。了解并主动提升自己的生涯适应力，将其转换为一种可用的心理资源，是顺利建立新职业生涯的关键。

【工具内容】

生涯适应力维度及典型描述

维度	维度定义及典型描述
生涯关注	对于自己未来发展动向的注意力投入。高分者常常思考自己未来如何选择，把更多的注意力集中在对于职业生涯的探索和准备上
生涯控制	生涯发展中接近目标的自主性。高分者更愿意为自己的行为负责，能够独立思考，知道自己做什么事能够实现目标
生涯好奇	对职业生涯发展方向的兴趣和探索。高分者不畏惧新鲜陌生的职业，并勇于尝试和探索未知的职业领域
生涯自信	面对困难的决心与信念。高分者相信自己有能力解决职业生涯中的困难，相信自己能够很好地完成工作

【工具参考文献】

李栩，侯志瑾，冯缦．大学生父母生涯发展期望、主动性人格、生涯适应力和生涯决策困难的关系 [J]. 中国临床心理学杂志，2013，21(2)：263−267，247.

Savickas M L，Porfeli E J. Career adapt−abilities scale: construction, reliability,and measurement equivalence across 13 countries[J]. Journal of Vocational Behavior, 2012, 80(3)：661−673.

刘文豪．“90 后”职业群体生涯适应力与离职倾向关系研究：心理资本的中介作用 [D]. 西安：陕西师范大学，2019.

测评工具 2：择业自我效能测评

【工具简介】

择业自我效能，是指在选择职业的过程中，对自己所具备的能力的自信心。择业自我效能是影响就业的一个重要因素，它会影响职业的选择，以及自己能否胜任这个职业的自信。

因此，正确认识自己的优势，提振自信，有利于正确看待择业中面对的各种困难，缓解就业焦虑。而择业自我效能不足，择业时就会犹豫不决，不敢尝试新的职业，影响职业的选择，甚至造成更广泛性的自我效能下降、心理资源的严重消耗。了解并主动提升自己的择业自我效能，将其转换为一种可用的心理资源，是顺利建立新职业生涯的关键。

【工具内容】

择业自我效能维度及典型描述

维度	维度定义及典型描述
自我认知效能	对自己和对择业需求了解的自信程度。高分者清楚地知道自己的能力，以及对职业的需求，相信自己能够很好地做出择业判断
目标制定与坚持效能	对于自身差距的了解及努力缩小差距的信念。高分者认为自己与他人的差距不明显，相信自己能够正确的设立择业目标并且能够坚持完成目标

续表

维度	维度定义及典型描述
职业信息效能	对于职业信息搜集、了解、利用能力的自信程度。高分者认为自己能够收集到自己想要的信息并且能够很好地利用这些信息，让自己在择业时有优势
择业应对效能	在择业中面对问题时能够积极应对的自信程度。高分者相信自己能够很好地解决择业中的客观困难，也能很好地调整自己的心态

【工具参考文献】

樊庆山 . 河北省高校大学生择业自我效能提升研究 [D]. 石家庄：河北经贸大学，2018.

测评工具 3：创业胜任力测评

【工具简介】

创业胜任力，是指一个创业者达到成功创业所需要的能力的总和。判断一个人是否具备创业的潜质，必须要了解他的创业胜任力。

本测评使用的《退役运动员创业胜任力量表》是专门针对中国退役运动员创业者建立的测评工具，总结了全国各地 40 余名优秀运动员创业者的经验，对你 9 个方面的能力进行测评。

测评结果将帮助有创业想法的你了解自身的能力和潜质，挖掘创业资源，扬长避短，帮助你成为成功的创业者。

【工具内容】

创业胜任力的维度和高分者特点

维度	高分者特点
成就动机	高分者在创业中会提高管理的标准，设定并达成具有挑战性的目标，如不断追求高的业绩
主动性	高分者在创业中面对障碍与困难时不放弃，能够认识并把握机会，对可能的机会时刻做好充分的准备，如提前做好计划和预案
控制力	高分者在创业中会经常检查团队的工作情况，掌握团队整体和个人的信息
发展团队能力	高分者在创业中表达对他人的期待，相信他人想要学习也有能力学习，并且有一种培养他人的责任感
领导力	高分者在创业中能够公平对待团队中的所有成员，能够提升团队士气，能够尽量满足群体的需求
命令能力	高分者在创业中坦率地与他人面对面讨论问题，坚持立场，坚持让他人遵守自己的命令
客户服务能力	高分者在创业中会搜集客户真正的需求，能够取得客户信赖，以长远的眼光来解决客户的问题
人际理解能力	高分者在创业中能够认知他人的情绪，做到倾听与观察，能够理解他人的态度、兴趣、需求和观点
市场认知能力	高分者在创业中能够积极主动观察、思考市场，利用分析和归纳的思维，判断市场的变化，发现市场的规律

测评工具 4：应对方式测评

【工具简介】

应对方式，是指我们遭遇挫折和困境时采取的处理方法。有的人尽量看到事物好的一面，试图找到不同的办法解决问题；有的人则通过吸烟、酗酒来消除烦恼，幻想发生奇迹来改变现状，这是十分不可取的。

拥有正确处理困难的能力是非常重要的。本测评帮助你认识自己，了解自己的应对方式，选择合适的应对方式，将成为你建立新身份的有力帮手，可以使你更好地应对新生活适应中遭遇的各种困难。

【工具内容】

应对类型及对应的典型特征

类型	典型特征
积极应对	遇到问题首先想到的是解决问题，是最有助于个体成长的应对策略。不仅在运动生涯中，同时在新的生活中积极地寻找解决问题的途径
消极应对	遇到问题并不首先选择解决问题，而是回避问题的存在和片面的自我否定。不接受自己已经退役的现实，对退役事件不能正确认识，并对当前的工作选择逃避

【工具参考文献】

解亚宁．简易应对方式量表信度和效度的初步研究 [J]. 中国临床心理学杂志，1998, 6(2)：114−115.

测评工具5：生活满意度测评

【工具简介】

生活满意度是对自己生活状况和生活质量满意程度的主观评价，是对自己生活状况的综合判断，它影响着人们的情绪体验，进而影响目标的设定和努力前进的动力。

了解生活满意度，给自己的幸福感一个量化的指标，或许你将发现，生活实际上比你设想的要美好得多！

【工具内容】

生活满意度类型及典型描述

类型	典型描述
非常满意	你认为你的生活很好，对周围的一切都很满意
满意	你的生活很有益，但是仍希望在某方面取得进步
基本满意	你感觉自己的生活较好，不过也希望在某些领域取得进步
介于满意与不满意之间	你的生活中有好有坏，好的事情和需要改善的事情数量基本相当
基本不满意	如果你的分数始终在这个较低的范围之内，那么你应该寻找原因并采取措施，提高你的生活满意度
不满意	生活满意度如此之低，应该考虑如何改善这种状况，需要尽快改善生活中的某些方面

续表

类型	典型描述
极不满意	近来某些非常糟糕的事情影响了你当前的生活满意度，许多事情或许是完全错误的，你需要尽一切努力扭转自己的生活局面

【工具参考文献】

Pavot W, Diener E. Review of the Satisfaction With Life Scale [J]. Psychological Assessment, 1993, 5(2) ：164–172.

模块 2 心理危机应对小贴士

在新身份建立阶段，退役运动员需要进行一系列探索与尝试，如尝试不同的新工作，承担更多家庭责任，学着与社会上不同身份的人交往，最终熟悉自己的新身份，并开始建立稳定的新生活。但大多数退役运动员因为没有良好的文化基础和工作技能，又受到伤病的困扰，使得在新职业的探索和选择上出现困难，直接导致就业困难，进而难以建立新身份。而择业和就业带来的压力和焦虑感，往往是难以从心理层面主观化解的，面对这样一个难以克服又不得不面对的现实，心理危机就产生了。

在新身份建立阶段常见的心理危机表现包括：择业就业中自信心的丧失，工作中出现严重的无能感，对于新身份的强烈落差感，对于一切从零开始的愤懑和迷茫等。这些心理危机如果不能很好地应对解决，会直接影响退役转型的质量，甚至会发展成为严重的心理障碍。

我们根据对退役运动员的访谈，从运动员的转型素材中，归纳总结了在新身份建立阶段运动员面临的 11 个共性心理问题，结合心理危机应对基本知识和基本规律，整理创作了 11

个心理危机应对的小建议和小窍门，并配上了结合素材创作的虚拟故事情境，帮助你更好地理解和使用这些应对技巧。故事采用模拟困难情境的虚拟剧情设计，虚拟故事情节设计是为了更好地突出困难类型和心理危机应对的心理历程。

小贴士 1：建立终身学习意识

纵向学习，活到老学到老

【小贴士功能及操作介绍】

终身学习强调人在一生中的各个阶段都要保持多样化的学习，包括横向学习和纵向学习。面对生活的变化，运动员们要通过学习来更新现有的知识观念，获得新的适应能力以适应新身份的需求。运动员在运动生涯中作为学习者耳濡目染教练员的训练模式、训练方法等，这是一种可以合理利用的现有资源。

但由于身份转换对运动员提出了较高的要求，转变身份成为教练员后会面对各种各样的挑战，这就要求运动员转变观念，通过多种途径及时更新新身份所需要的知识观念。例如，参加相关培训机构，请教前辈、教练员，查阅相关书籍等。

我们来看看大家是怎么做的。

第一步：意识到学习的重要性。

第二步：认可自身学习能力（大部分运动员本身有较强的空间想象力和逻辑思维能力等）。

第三步：不断更新自身的知识体系，培养终身学习的习惯。

【对应的心理危机】

成为教练员后，出现有心无力的感觉怎么办？

举例：

（1）做教练员过程中会遇到各种各样的学生，我应该怎么做？

（2）做教练员面对各种训练手段上的难题，要是一直用我掌握的训练方法会过时的，我该怎么解决？

【应对虚拟小故事】

适应人群：新身份转换后遇到突发状况的退役运动员

主题：纵向学习——防患于未然

扫描二维码聆听
新身份建立阶段
的小故事

以德服人

石头退役后在朋友的介绍下去北京做了一名教练员，他对第一天去到那里发生的事情还历历在目。

当年，石头在去做教练员之前已经做好了规划：他要带着这群孩子去打比赛，有了成绩的话不管对孩子们升学还是进专业队都有帮助。在去学校的前一天晚上他又激动又兴奋，比自己要去比赛时的心情还要复杂。结果没有想到等他到了学校，就发生了一件让他手足无措的事。棒球队的学生看他很年轻都不服他，甚至还有个高一的小孩儿挑衅地对他说："我看你不顺眼，你凭什么教我？有本事咱俩打一架！"这时石头想起了上课前向前辈请教时聊到的问题，前辈和他说遇到类似的情况，要先答应下来，之后再凭借自己的专业技术获得学生的认可。于是石头便先答应了这个学生的要求，安抚好大家的情绪。在课上，石头用自己十几年的训练成果成功地征服了这群小孩儿，孩子们对他的抵触情绪降低了不少。石头也收获了那个向他挑衅的学生的尊敬，放学后他如约去了约架地点，那个孩子郑重地向他道了歉。石头成功地将自己的运动员身份转变成教练员，然后在做教练员的路上不断摸索，不管是在技术、战术等运动训练的专业技能方面还是自己的德行方面，他都在为了使自己成为更优秀、更值得信赖的教练员而不断学习，不断进步。所有的成功都没有偶然，石头就是凭借自己勤学好问的品质，让自己成功转型。

小贴士 2：在新工作中调整心理落差

运动员退役后转型健身教练，积极调整心理落差

【小贴士功能及操作介绍】

退役运动员找到新工作之前都有着自己的设想，或许是继续从事运动相关的工作在体育行业中发光发热，或许是遵从自己的兴趣爱好开展一份陌生领域的事业……但是生活并不会按照我们的设想去发展，总是会有现实安排与理想条件不匹配出现落差的情况，而巨大的落差可能会让人沉溺于抱怨现实。这时，我们要让自己在新工作中调整落差，消除落差。

我们来看看大家是怎么做的。

第一步：活在当下。面对不合心意的新工作，拿出运动员克服困难的精神品质去对待，不会就学，不懂就问，而不是一直抱怨现实。

第二步：从自己的实际出发，了解心仪的工作需要什么知识技能，并从周围同事、网络信息等多渠道获取知识技能，尽量消除因工作变动而带来的心理落差。

【对应的心理危机】

新的工作与自己原来的设想有很大出入，由于新工作和预期的不符出现了严重的不适应。

举例：从运动员到办公室文职人员的身份转变困难，文职工作让自己无法发挥运动员的优势，我感到无所适从，我该怎么做呢?

【应对虚拟小故事】

适应人群：在新工作中存在巨大心理落差、认为自己怀才不遇的退役运动员

主题：心理落差

新工作心理落差中的蜕变

退役后的阿旭凭借自己的努力和专业技能，获得了一份辅警的工作。一开始她觉得局里或许是看重她的搏击技能，期待着今后自己出警抓罪犯的样子。入职后，领导给她安排了档案室的工作，并不允许她跟队出警，局里的同事们还对她百般谦让，这让好动要强的阿旭难受极了，只觉得这份工作和曾经想的完全不一样，自己空有一身本领却无处发挥。

阿旭并不适应这样“静止”的生活，从小到大她都是属于“运动”的，哪怕退役了也不想整日坐在办公桌前。更何况她什么也不懂，无从下手的计算机操作，不会归类整理的档案，

要强的阿旭只能硬着头皮上。拉下面子去问，跟在前辈后面多看，上网查询资料学习，她用了自己能想到的所有方法去履行这份工作的职责，日子久了也慢慢体会到这些工作的快乐。

但阿旭依然对出警念念不忘，在档案室工作的时间里，她也了解到了辅警们出警时遇到的各种问题，有时候并不是个人能打就能解决问题，警校里的专业技能才是同事们出警的底气。阿旭这才明白领导为什么不让自己出警，不是因为初入职受到“特殊”待遇，而是因为她还没有这方面的素养与资格。自此，阿旭在工作之余开始认真积极地学习警察的职责与需要掌握的技能，受到了领导的认可后也参与了一次跨省出警，开始了从办公室到室外出警工作的转变。

阿旭从中明白了一个道理，遇到困境时一味地抱怨不能让我们取得成功，脚踏实地的做事，及时调整心理预期，才可能收获成功。

小贴士 3：每日三省己身，做最好的自己

勇敢攀登，会发现最好的自己就是最亮的光芒

【小贴士功能及操作介绍】

运动员本身具有许多优秀的品质，运动员在退役前可回顾自己的运动生涯，发掘自身运动专项的深层优秀心理品质，如适应能力强、反应快、善于观察、真诚、努力等；退役后也可回想自己在运动队里遇到困难是如何克服的，如不服输的精神，勇于战胜困难的决心，强大的自信心等。运动员要善于发现自己的优秀品质，并且将其迁移到新岗位、新角色中。

我们来看看大家是怎么做的。

第一步：善于发现自己作为运动员的优势。

第二步：遇到困难要认真思考该如何应对。

第三步：把之前在运动队里积累的经验应用到新岗位上。

【对应的心理危机】

我最擅长的事情就是我自己的专业项目，但是真正做起教练员来，困难重重。

举例：

（1）离开运动队，我得到一份自己所热爱的运动相关的工作，做了一名业余体校的教练员，可是会练不代表会教，面对一群零基础的学员，我该从何做起?

（2）我发现我的学员怎么教都学不会，学不会就哭，还不听我讲，连最基本的沟通都成了问题，怎么办? 我好崩溃!

【应对虚拟小故事】

适应人群：新工作适应困难的退役运动员

主题：可以迁移的优秀心理品质——总结

新岗位，善于总结的石磊

退役后的石磊，来到了一家游泳馆，投身游泳教练行业。对于教练这个身份还有些陌生的石磊，尽管来当教练员之前已经补充了不少关于如何做好教练的知识，可实际上还是困难重重：学游泳的小孩怕水一直哭，学不会也一直哭，上课根本不听自己讲话。面对一群10后，没想到就连沟通都会出现问题。石磊把出现的这些问题都归结在自己身上，他告诉自己要沉下心来，模仿之前教练的手法，慢慢摸索，慢慢调整，甚至每一节课结束后都会总结自己的不足。

不断地总结，不断地调整，石磊在保证把游泳技能教好的情况下，也更多地站在孩子的角度思考问题，重视孩子的心理教育，比如，为什么来学习游泳，比赛的真正意义等。就这样，石磊逐渐成功地从游泳运动员转变为一名优秀的游泳教练员，培养出一批又一批的游泳爱好者。同时，石磊也成为孩子们心中的“人生导师”，甚至有些家长碰到教育孩子上的问题，都会来咨询他。石磊在游泳教练员这个岗位上，真正体会到了为人师者的意义。

“吾日三省吾身”就是石磊的座右铭，他知道在新的岗位上，只有不断地反省自己出现的问题，总结经验，才能做更好的自己。

小贴士 4：优秀运动员心理品质的转变与调整

转化压力为动力，勇攀峰顶

【小贴士功能及操作介绍】

运动员本身具有许多优秀的品质，来到一个新的环境我们希望以最快的速度适应新的工作节奏与任务，从工作中重新找到拼尽全力的感觉。仙人掌选择将叶片进化为针状，三根弦的吉他也能弹奏出优美的音乐，环境也许会让我们的生活蒙上阴霾，但这无法阻挡金子的光芒。这就需要我们积极地调整自身，了解我们所服务对象的需要，并且坚信熟能生巧，善于将优秀运动员心理品质转换调整，从而更好地适应新环境。

我们来看看大家是怎么做的。

第一步：多学多听多看，放低姿态，坚信别人能行我也一定行。

第二步：结合自身实际，融会贯通，相信我会做得更好。

第三步：结合实际，贴合工作需要，事半功倍。

【对应的心理危机】

到了新岗位手足无措，找不到方向，我该怎么做？

举例：

（1）从来没有这方面的经验，全新的工作环境和工作任务，完全没有可以借鉴的经验，我该怎么完成领导的任务？

（2）到了新岗位，感觉自己什么都不会：不知道怎样与他人打交道，不知道会员需要的是什么……我该怎样上课？怎样才能了解到会员需要的是什么？我该怎样设计课程？

【应对虚拟小故事】

适应人群：在新环境中不知所措的退役运动员

主题：可以转换和调整的心理品质——将压力变为动力

压力下的成长

退役后的小华并没有想太多，他选择成为一名寿司店店员，从小小的学徒做起。然而他飞速成长，得到了独立开店的入场券，小华是怎样华丽转身的呢？

入职一年的小华因为自己能吃苦颇受店长的器重，当寿司店要举办店庆活动时，店长委派小华作为这次活动的领头人。小华头一次做这么大的活动，活动的前一天他早早地备好了食材，以确保店庆当天万无一失。他自认为已经做好了充足的规划，对工作量和销售量做出了充足的预期。没成想第一天就把店里剩余的原材料卖光了。这份工作远远没有想象中这么容易，连续的工作量不仅需要体力还需要脑力，小华从来没有带领过团队，也不知道怎样承接大型活动，小华清晰地认识到这是证明自身价值的关键机会。

短短几天的时间小华就瘦了十斤，但是作为这个团队的队长，小华从未离开过，坚持到最后没体力了，就算是把小煤气炉放在地上蹲着煎鸡蛋也没放下手上的工作，他说："如果连这件事都做不好，那我还能做好什么。"这样的工作热情也带动了其他的员工，让这次店庆非常成功，利润翻了几番。只是策划实施一次小小的店庆活动就让小华感受到了作为团队领头人的不易，但是热衷于挑战的小华越战越勇，受到店长的引荐准备对寿司店进行加盟，同时也对未来的辛苦做了充分的预期。

小贴士 5：优秀运动员心理品质的运用

调整上课节奏，赢得学生喜爱

【小贴士功能及操作介绍】

优秀运动员在赛场上不仅凭借着超强的基本功，而且融会贯通，根据对手的习惯和技战术调整，或是通过猜测对手心理从而出奇制胜。这便是优秀运动员在赛场上技术的灵活运用与融合所发挥出的能量。转换环境让我们感到手忙脚乱，但是优秀运动员所具备的能力是出奇制胜的法宝，应好好加以利用。

我们来看看大家是怎么做的。

第一步：认真和热忱是胜任的基础和保障。

第二步：谦虚和求教是弯道超车的快速路。

第三步：融会贯通、结合自身长处才能更上一层楼。

【对应的心理危机】

为什么学生不喜欢我？我该怎样做才能融入新工作？

举例：

（1）感觉和现在工作环境中的朋友不是一路人，我该向谁请求帮助？这种无力感快要压垮我了，我真的适合这份工作吗？

（2）长久的运动队生活，高强度的训练曾经是我的日常，而面对现在工作环境的转变，我怎样才能从他人的角度认识现在的我？

【应对虚拟小故事】

适应人群：想要好好表现却感到无力的退役运动员

主题：可以运用与融合的优秀心理品质——调整策略

玩着上课，调整节奏

退役后的石头依然热爱自己的搏击专项，身为健将的他常常带着自己队里的小徒弟。来到业余培训搏击俱乐部后，馆长交给他一个任务，让他以专业运动员的身份展示搏击的飒爽英姿，并以专业、高超的技术吸引新学员的加入和维持老学员的续费。因此，他能留下多少学员，是他是否适应新环境最好的证明。

经过两个星期的展示，来的学员越来越少，甚至有的小学员已经请假十天了，这让他很是苦恼。学生对自己的课程不感兴趣，让石头意识到只有专业的技能完全不能吸引学员的注意，他们需要的可能不只是专业的技能展示。

学员流失的压力，让他想到了向前辈们学习。石头发现，他们一节课只有不到30%的时间在讲授新技术，其他时间都在做游戏。对呀！业余体育锻炼培养的就是兴趣。石头仔细地分析了自己的课程设计，发现自己把带徒弟的思路用在了带学生上，小孩子之间争强好胜本就容易受伤，加上严格的要求，也就失去了对搏击的喜爱。发现了问题所在后，石头明确了自己的方向，在上课过程中更加柔和，把训练与游戏融合在一起，和学生打成一片。慢慢地石头课上的学员越来越多，甚至有几个孩子说自己的梦想就是成为和老师一样的人。

当我们遇到问题的时候总习惯按老方法去解决问题，但有的时候抬抬头，看看别人是怎么干的，参照一下他们的经验，再结合一下自己的特长，可能会让你有意想不到的收获。

小贴士 6：抛掉光环，沉心做事

告别光环后的沉静

【小贴士功能及操作介绍】

有的运动员有比较殷实的家庭背景，退役后便可以有很好的工作安排，省去了很多需要自己去探索的道路。但人生是自己的，没有人能够依靠别人过完这一生。好的机会也需要自己用心去经营，保持一颗平常心，沉下心来学习，稳扎稳打地走好每一步。

我们来看看大家是怎么做的。

第一步：安下心来，从基层学起，慢慢积累经验。

第二步：稳步前行，将自己的事业更上一层楼。

【对应的心理危机】

退役后，迅速接手家族企业，我该如何去面对?

举例：面对自己将要负责的家族企业，一点一滴地学起，不抛弃不放弃，并且不断寻求新的发展。

【应对虚拟小故事】

适应人群：继承家族企业，不能很好摆正心态的退役运动员

主题：积累经验，脚踏实地

沉心积累，迈向成功

小时候的刘达因为体质弱被父亲送去跟着教练锻炼身体。慢慢地喜爱上了体育，从此便走上了这条路。有开始就有结束，正当刘达为是否退役犹豫不决时，父亲的公司出现了一些危机，需要人手帮忙。刘达觉得这么多年一直是家里人支持帮助自己，自己年纪也不小了，是时候该自己帮助家人了。于是，他选择退役帮助父亲渡过难关。

刘达从来都是踏实做事的人，他没有因为自己的家庭条件而有什么优越感，更不会挥霍无度，而是很珍惜现在的生活，也在不断证明自己。他从小耳濡目染，对商业经营方面有些了解，但毕竟自己已经这么多年没有接触过了，经营公司的难度还是很大的。于是，他开始一点一滴地补充着知识，给自己加油打气。因为从小就不喜欢学习，每次看书的时候总是看着看着就走神了，所以他总会想办法克服，为的就是心中的那个信念，为了家人更好的生活。在不断学习、不断进步中，公司终于在他和父亲的共同努力下渡过了难关。

后来刘达就在公司各个部门学习，不断吸取经验，扩展

人脉，增长阅历。蛰伏三年，他通过自己新建的人脉圈，拉来了合伙人，通过不断地实践研究，建立了一个新的项目，与合伙人一起建立了一个新的公司。新公司的建立有很多的事情需要准备：做宣传，做推销，拉赞助，做投资，很多烦琐的事情，每一步都要精挑细选。但办法总比困难多，只能不断进取。刘达与合伙人取长补短，各自承担自己擅长的方面，达到合作共赢。也是那三年的沉淀，使得他每一步都走得很稳。面对疫情，他们的公司也受到了不小的影响，但是他们及时调整策略，从线下销售改到线上销售，有效地渡过了危机。公司在刘达的用心经营下，稳步前行着。

小贴士 7：脚踏实地，积累经验

从 0 到 1 的过程，对每个运动员来说都很关键

【小贴士功能及操作介绍】

有许多运动员在初入社会、步入新的工作环境时会感到自己什么都不会，没有很多的工作技能和经验，适应的过程很艰难，于是便会畏惧向前。这是一种错误的应对方法，正确做法是从一点一滴学起，不抛弃不放弃，不断地积累经验，脚踏实地地走好每一步，打好坚实的基础。要相信，只要及时地开始学习，什么时候都不算晚，切忌急于求成。

我们来看看大家是怎么做的。

第一步：发现并整理自己在工作中需要提升的技能。

第二步：针对这些技能行动起来，寻找提升方法。

第三步：边学边干，脚踏实地，稳步向前。

【对应的心理危机】

面对之前从未接触过的行业，没有任何工作技能和经验，无从下手，我该怎么办?

举例：

（1）离开运动队后，得到了一个做运营的工作机会，但自己对这项工作一无所知，便从头做起，边学边干。

（2）面对自己没接触过的行业，一点一滴地学起，不抛弃、不放弃，并且不断寻求新的发展。

【应对虚拟小故事】

适应人群：初入社会，没有技能去适应工作的退役运动员

主题：边学边做，决不放弃

从头开始，为时未晚

退役后的郑毅对未来的生活有些迷茫。初入社会，他发现需要自己去学习的东西太多太多，没有什么技能，很多工作都要从头学起，一时不知道该何去何从。好在自己的朋友比较多，在朋友的推荐下，郑毅去了一家公司做运营。

第一次接触运营这份工作，一时让郑毅摸不着头脑，自己什么都不会，是一个彻底的小白，但从接受这份工作开始，郑毅便暗下决心，无论遇到什么困难，都要坚持去克服，决不放弃。在工作的过程中，郑毅也确实遇到了很多问题。

工作初期，他连最基本的办公软件都需要时间去学习、掌握，很多问题从来都没有接触过。但郑毅从没想过放弃，他开始一点点学习，边学边干，时间不够用，便自己加班学习到深夜。运营的职位也需要接触很多的客户，需要和客户沟通协调，这让郑毅感受到了和运动队不同的人际关系，自己也是经常碰壁。于是，郑毅在总结了自己和他人的经验之后，开始揣摩每位客户的性格，每天都会跟他们对接，做一些细节的记录，积攒一些经验，在和客户的相处中扬长避短，研究怎样才能和客户达成合作。慢慢地，他积累下了一套规律，客户关系处理得游刃有余。终于，在不懈努力下，他成功胜任了这份工作。

小贴士 8：维护自我形象是获得认可的最佳途径

前世界冠军退役后不断提升自我，成就最好的自己

【小贴士功能及操作介绍】

退役后许多运动员会选择从事体育相关的工作，帮助自己顺利过渡。但有时在熟悉的领域，还是会困难重重，队里的经验也变得不那么适用了。面对不同的人群，作为运动员出身的我们找不到合适的方法，课程不是很受欢迎。那就从自我改变做起，保持运动，维护好自己的形象，用行动给学员做榜样，从而获得认可。

我们来看看大家是怎么做的。

第一步：在自己擅长的领域也会面临很多挑战，认识到队里的经验并不适用于所有人群。

第二步：深入了解不同人群，关注他们的想法、需求、行为，观察其他同事是怎么获得认可的。

第三步：管理好自己的身材，维持运动水平，用自己的行动和形象来获取认可。

【对应的心理危机】

进入新的工作岗位，课程不受欢迎，我该如何获得认可呢？

举例：为了尽快适应退役后的生活，选择在身份跨度不大的行业工作，但需要面对各行各业的人群，在经验和专业性上还有所欠缺，自己在队里的竞技技能并不适用于所有人。我找不到合适的方法，不知道怎么针对性地安排练习，课程不是很受欢迎，我变得不自信。我不知道该怎么获取他们的认可。

【应对虚拟小故事】

适应人群：能力得不到认可的退役运动员

主题：获取认可的途径——维护自我形象

从自我改变做起

退役后的小李决定到身份跨度不大的健身行业工作。从小参加各种训练和比赛，又拥有带队经历，从体能到技能再到管理，小李早已轻车熟路。可真正进入健身房后才发现，还有很多挑战在等着她。

健身房的工作需要面对社会上各种各样的人群，在运动队的经验并不适用，最初来上课的人也是寥寥无几。小李没有因此气馁，她希望能够获得大家的认可。她开始关注学员的基础、需求和喜好，同时观察比较受欢迎的教练是怎么带课的，是怎样有针对性地安排锻炼的内容的，对于存在疑问的地方也会找同事询问清楚，并对每天的所见所闻所感进行记录。小李发现，那些把自己身材管理得很好的私教就很受欢迎，教练的身材就是自带的广告，自己的身材都管理不好，凭什么让别人认可你？

找到方法的小李，每天都会抽出一部分时间去锻炼，保持良好的生活习惯，维持自己的运动水平，也会向其他教练请教和学习管理身材的方法。经过一段时间的努力，小李不仅把自己的身材管理得很好，还总结出了一个有个人特色的管理身材的方法。小李用行动给学员做榜样，用自己的形象进行宣传，不断学习和完善自己的课程，很快便获得了学员的认可，完美胜任了新的工作。

小贴士 9：不忘初心，坚持热爱

甘为人梯，追逐心中的羽球情结

【小贴士功能及操作介绍】

运动员退役后，有的会对未来的生活感到迷茫而无所适从，有的就能够较好地适应，很快调整自己的状态，投入新工作中，如留队当教练员、到俱乐部工作或自主创业等。但进入新工作依然会对未来充满疑惑。当在工作中遭受到不公平对待时，我们该怎么办？不是所有的付出都能得到相应的回报，但不努力怎么会有奇迹出现？遇事往前看，不忘初心，坚持做好自己的本职工作，向大家证明自己，同时还可以积累经验，为实现自己的目标奠定坚实的基础，当机遇来临时牢牢把握住。

我们来看看大家是怎么做的。

第一步：不忘初心，做好本职工作，相信自己的努力会被看到。

第二步：坚持热爱，用行动证明自己。例如，对待队员耐心、负责，将自身运动经历迁移过来，总结出一套具有个人特色的管理队员的方法，培养出优秀运动员。

第三步：积累经验，做好准备，迎接更好的自己！

【对应的心理危机】

在新工作中，付出与收获不匹配，感觉心里不平衡，我该怎么坚持下去？

举例：退役后选择做自己喜欢的教练工作，在自己擅长的领域，比较容易上手。在队里耐心、敬业，培养了很多优秀队员，但一直没有教练员的身份，感觉没有了当初的热情，我到底该不该继续坚持？

【应对虚拟小故事】

适应人群：当付出与收获不匹配时，不知道该怎么办的退役运动员

主题：不忘初心，坚持热爱

保持最初的热爱

决定退役时，队里正好缺教练，葛初心便选择留队做自己喜欢的事业。原本想在擅长的领域中过渡，慢慢转成正式的教练员身份，可事情没有按照预想的那样发展。多年来，葛初心一直以运动员的身份带队，转正的问题一直没有解决，他很疑惑。

但初心从未放弃，当初选择留队是为了从事自己喜欢的事业，把所有都毫无保留地教给队员，培养出优秀运动员。那朝着这个目标努力不就可以了吗？他相信，只要努力，坚持下去，总有一天会被看到。在队里当教练十多年来，他始终保持着对教练这份事业的热爱。当遇到接受能力比较差的队员，他会反复进行讲解和示范，纠正错误动作，非常耐心地指导，直到队员真正掌握；对于比较叛逆的队员，他会结合自己在运动队的亲身经历，设身处地的站在队员的角度去看待一些问题。无论遇到什么样的问题，初心都坚持下来了。通过实践，他总结出了一套有个人特点的管理方法，培养了很多优秀队员，获得了满满的成就感。直到学校教练员岗位的出现，初心牢牢抓住了这个机遇！他用行动证明了自己的坚持是值得的！

所有前期的准备都是为了遇见更好的自己！所以，在工作中要永远保持最初的那个状态，对事业坚持热爱，不被其他想法所左右。

小贴士10：知己知彼，积累经验

商场如运动场，知己知彼才能百战不殆

【小贴士功能及操作介绍】

每个人的心中都有一个老板梦，运动员也不例外。但创业没有那么容易，最艰难的其实是初期阶段，经验少、资源少，任何一个都足以考验一个刚接触创业的体育人的心性，但是只要能够挺过来就是更大的收获。其中，可能面临的最大问题就是客源少，那么该如何解决呢？面临这个问题，可能最开始都会想要去加大推广力度，但是如果方向错了，用再大的力气做推广都是无用功。所以我们说要“知己知彼”，就是为发展指明方向。

“知己”是要分析自己和自己产业的优势，这样就可能产生我们的“卖点”，用自己的长处去和别人拼胜算会更大；“知彼”是要分析客户真正需要的是什么，大趋势与市场需求密切相关,那么这个需求就是市场的“痛点”。如果用我们的“卖点”去贴合市场的“痛点”，其实就是找到了正确的方向，之后再去适当调整推广的力度，将会获得巨大的成功。

【对应的心理危机】

我的创业梦想开始了，但是怎么也达不到自己预期的结果，我该怎么办?

举例：为了实现自己的老板梦开始创业，但是发现老板不是那么好当的，初期客源少就是大问题，我该怎么继续走下去?

【应对虚拟小故事】

适应人群：退役后尝试创业，但是初期因缺乏经验创业成绩不理想的运动员

主题：创业初期顾客少，发掘受众心理，开拓创新思维

惊奇 42 天

运动员致远退役后，经过各种尝试，决心开一家属于自己的健身俱乐部，毫无创业经验的他再次面临挑战。一开始为降低成本，致远将自己未来的婚房作为健身俱乐部的场所，可以说有点破釜沉舟的意思。但效果差强人意，仅仅是开业

那天一群朋友过来捧场，热闹了一天，之后就是冷清到怀疑人生的一周。致远心想这和自己想象的不一样啊，自己在这又当保洁，又做前台，传单也是亲手发的，还是刚过完年，怎么也该来些人了。

不服气的致远回到家，开始琢磨原因。突然进门的妈妈看他愁容满面，一想就是在为健身房发愁，说了一句："现在健身房越来越多，其中规模比你大的绝对不少，你想想你有什么特点，来点什么创新能让你脱颖而出。"这一句话不要紧，敲醒了致远。自己的健身房规模小，宣传力度也不大，谁健身不想找个效果好，名声响的啊。自己都干了保洁、前台的活儿，要是再当个模特，来一套研发计划，把减肥效果当广告宣传出去，是不是就会不一样了？说干就干！本来刚过完年开始发胖的致远继续猛吃海喝，胖到了 180 斤，破了最高纪录。之后开始减肥，每天健康餐，减脂、增肌练习不断，朋友圈实时更新效果。42 天，浑身线条感的他回来了，研发计划成功！再去宣传，对比图为他迎来了第一位、第二位客人。之后口碑宣传，小小的婚房已经承载不了这么多的客户了。

致远的创业路一波三折，知己知彼，不断挖掘自己潜能，了解客户需求是致远的成功秘诀。想想现在的你有什么与众不同的优势呢？

小贴士 11：退役不褪色，志愿有担当

退役运动员积极参与公益活动

【小贴士功能及操作介绍】

每个退役后的运动员都有一身过硬的专业本领，有着坚强勇敢、坚韧不拔、不惧困难的精神，退役后会想着通过自己的善良、爱心去帮助他人，奉献社会。那么，我们可以做的就是充实自我，不断地寻找机遇，奉献爱心。

我们来看看大家是怎么做的。

第一步：不忘初衷，充满爱心，充实自我，进行全面准备。

第二步：保持良好心态，等待机会，以最好的状态去奉献爱心。

【对应的心理危机】

退役后，想要乐于助人、奉献爱心，却又不知从何做起?

举例：离开了自己付出青春的运动队，收获的是一身过硬本领，那么如何运用自己的人生经历去帮助有需要的人，奉献自己的爱心呢?

【应对虚拟小故事】

适应人群：想要乐于助人，却又不知从何做起的退役运动员

主题：爱心力所能及，接力携手共济

退役不褪色，志愿有担当

莎莉是一名退役运动员，坚强勇敢陪她度过了运动生涯中的每一个训练日，坚韧不拔的精神让她从不畏惧困难，内心的柔软为她坚毅的性格增添了温柔和善良。

2013年，她无意中看到一个新闻报道，看到了很多人在做公益，有很多的困难人群需要帮助、很多贫困家庭的孩子失去了上学的机会。于是她决定运用闲暇时间，运用人生经历去帮助他人。她开始寻找、研究、确定帮扶目标。2014年，她以志愿者身份加入了仁爱慈善基金会，经过培训，成为一名“助孤”“助学”的志愿者，开始帮助“类孤儿”(如遭遇父亲意外身故母亲改嫁，或由祖父母抚养，或父亲高位截瘫母亲离家等情况的儿童)走出困境，努力学习，建立信心，年复一年至今从未间断。每年春天，作为志愿者的她都会自费带着米面粮油、学习用具、季节性服装去困难家庭走

访、核实、确认，并结合不同家庭学生的状况给与个性化的帮助，孩子们都称呼她“太阳姐姐”，这个称谓让她感受到慈善公益的伟大，温暖着她，也激励着她。每年秋天，经过6个月的跟踪服务确定“助学”对象，给予资金、物资的支持。6年来，在她的带动下，陆续有举重运动员、大学老师、瑜伽教练、医药公司工作人员、大学退休教授、公司经理、银行职员、个体经营工作者、医院护士、小学生等各行各业爱心人士近百人加入公益慈善团队，加入她们这个帮扶助学公益事业当中，和她并肩前行，捐款、捐物。

退役不褪色，志愿有担当。她展现出退役运动员无私奉献、为民爱民的优良作风；她助力脱贫攻坚，与民携手共进，为实现中华民族伟大复兴的中国梦凝聚力量。

模块 3 心理援助工具箱

退役运动员在退役转型的各个阶段，都需要掌握一些心理调节的技术，不断给自己补充心理能量。只有心理能量充足，才可以积极做好心理准备迎接退役转型过程中出现的心理危机。新身份建立阶段在能够从容面对新生活的基础上，要对自己的应对方式进行评估和梳理，从而更好地面对新的挑战。

因此，在新身份建立阶段给大家提供了四个心理调节技术：幸运法宝测试、学习如何走运，以及生涯规划调节技术“画出你的生命线”和“我的生涯彩虹”。通过探索幸运背后的心理秘密，学习提升幸运的四个法宝和具体步骤，可以帮助你更加了解自己，更加清晰自己的价值取向，收获令人满意的幸运生活。下面来进行了解和操作吧！

使用指南：

前两个工具箱包括三个部分：（1）心理调节技术简介；（2）心理调节技术能够帮助解决的问题；（3）具体内容及操作方法。后两个工具箱也包括三个部分：（1）心理调节技术简介；

（2）操作步骤；（3）运动员的操作案例展示。

运动员在查阅每个工具箱时，首先对该心理调节技术做简要了解；其次根据可解决的问题模块思考自身想要解决的困惑与问题，即需要解决的心理危机；最后针对问题，进行该心理调节技术的操作，从而达到解决的目的。

我们在这一阶段，重点给大家介绍了幸运法宝测试、学习如何走运、画出你的生命线和我的生涯彩虹，除此之外，其他阶段的工具箱也可以按运动员的需要交替使用。

心理调节技术 1：幸运法宝测试

一、“幸运法宝测试”是什么？

“幸运法宝测试”是由同心理相关的 4 个测试组成的综合小测试，分别为“增加幸运的机会”测试、“聆听你的直觉”测试、“期待好运降临”测试和“扭转厄运”测试。它可以化腐朽为神奇，甚至扭转乾坤。

二、“幸运法宝测试”可以解决哪些问题？

这个测试可以在你人生迷茫时，为你指点迷津；也可以在你刚退役步入社会迷茫时，为你指出一条明路；甚至可以在你工作

止步不前时，为你带来职位晋升的机遇。

三、具体内容及操作方法

法宝 1："增加幸运的机会"测试

1. 法宝介绍

幸运的人会创造、注意并且把握机遇。幸运者比不幸者更会织起一张"幸运网络"：结识、吸引大量的人并与他们维持联系。这些朋友有可能会成为你的贵人并为你提供机遇。另外，幸运的人对生活持有轻松的态度，当你焦虑紧张时你的注意力会非常集中，从而让机遇流失。幸运的人也经常对新鲜事物持开放态度，毕竟，不接纳新鲜事物又如何找到新的机遇呢？

2. 法宝测试

请拿出一个本，作为你的"幸运笔记"，在纸上写下题号与对应的得分，这些答案会帮助你找到自己的问题。更重要的是，通过这些测试，你可以学会如何增加自己的好运。

1 分——非常不同意　2 分——不同意　3 分——不知道　4 分——同意　5 分——非常同意

（1）在超市或银行排队时，我有时会和陌生人聊天。

你的得分：______________

（2）对于生活，我没有感到太紧张或焦虑。

你的得分：______________

（3）我乐于尝试新鲜的事物，如尝试新的饮料或食品。

你的得分：______________

3. 法宝评分

第 1 题测试外向性，第 2 题测试焦虑水平，第 3 题测试开放性。

题目	测试的内容
(1)	外向性
(2)	焦虑水平
(3)	开放性

将这三道题得分数相加，会得到你在法宝1中获得的总分数。

我的总分：________________

评分坐标图：

请在图中标出你得分所在的位置。

3~8 分属于低分；

9~11 分属于中间状态；

12~15 分属于高分。

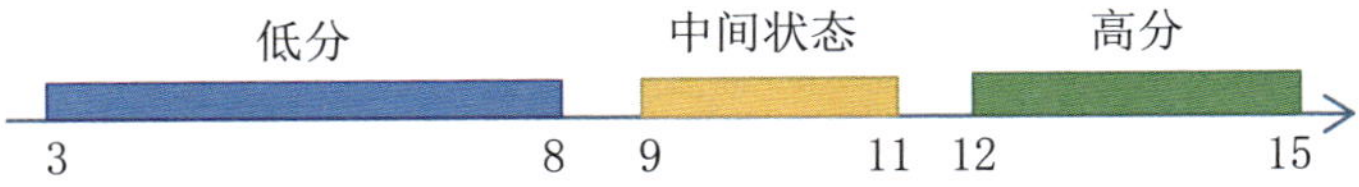

你的分数是高分还是低分呢？如果你处于高分段，证明你已经拥有了这件幸运法宝！

4. 幸运思考

看到自己在这个法宝上的得分，你有什么体会？（得到高分是否感到很开心？还是茅塞顿开，找到了获得幸运的突破口？）

法宝 2："聆听你的直觉"测试

1. 法宝介绍

幸运的人会利用直觉和内心的感觉做出成功的决定。他们会在做决定时倾听自己内心的声音，他们知道自己真正想成为什么样的人。另外，幸运者常会做一些措施来提高自己的直觉。研究发现，幸运者会让头脑排除杂念，喜欢冥想、安静的地方或者沉思。

2. 法宝测试

这件幸运法宝你有没有呢？我们再来做一个小测试吧！

请在刚才的测试下方继续写下题号与对应的得分。

1 分——非常不同意　2 分——不同意　3 分——不知道　4 分——同意　5 分——非常同意

（4）我常常听从自己的直觉或预感。

你的得分：______________

（5）我尝试过用一些方法来增进直觉，如冥想或者仅仅是找个安静的地方。

你的得分：______________

3. 法宝评分

第 4 题测试你听从自己直觉和灵感的程度，第 5 题测试你是否采取措施来努力提升自己感受直觉的能力。

题目	测试的内容
（4）	听从自己直觉和灵感的程度
（5）	是否采取措施来努力提升自己感受直觉的能力

将这两道题得分数相加，会得到你在法宝 2 中获得的总分数。

我的总分：________________

评分坐标图：

请在图中标出你得分所在的位置。

2~4 分属于低分；

5~7 分属于中间状态；

8~10 分属于高分。

你在这件法宝上的得分是高分还是低分呢？如果你处于低分段，证明在这一方面你可能需要加强训练哦！

4. 幸运思考

看到自己在这个法宝上的得分，你有什么体会？（得到高分是否感到很开心？还是茅塞顿开，找到了获得幸运的突破口？）

法宝 3：“期待好运降临”测试

1. 法宝介绍

幸运的人总是树立幸运的目标，保持积极心态，期待好运降临。即使成功机会渺茫，也不会在失败面前低头。他们也同样期待与他人交流能为自己带来好运。

2. 法宝测试

我们继续做一个小测试，看看你在这件法宝上的得分吧！

请在刚才的测试下方继续写下题号与对应的得分。

1 分——非常不同意　2 分——不同意　3 分——不知道　4 分——同意　5 分——非常同意

（6）我总是期待将会有好事发生在我身上。

你的得分：＿＿＿＿＿＿

（7）即使看起来成功的机会很渺茫，我也倾向于尝试去获得生活中我想要的东西。

你的得分：＿＿＿＿＿＿

（8）我期待我遇到的大多数人都是令人愉快、友善和热心的。

你的得分：＿＿＿＿＿＿

3. 法宝评分

第 6 题测试你认为未来有多大可能性是一片光明的，第 7 题测试当机会迷茫时你会为了自己想要的东西做出多大努力，第 8 题测试你与他人交往的态度。

题目	测试的内容
（6）	你认为未来有多大可能性是一片光明的
（7）	当机会迷茫时，你会为了自己想要的做出多大努力
（8）	你与他人交往的态度

将这三道题的得分数相加，会得到你在法宝 3 中获得的总分数。

我的总分：＿＿＿＿＿＿

评分坐标图：

请在图中标出你得分所在的位置。

3~9 分属于低分；

10~11 分属于中间状态；

12~15 分属于高分。

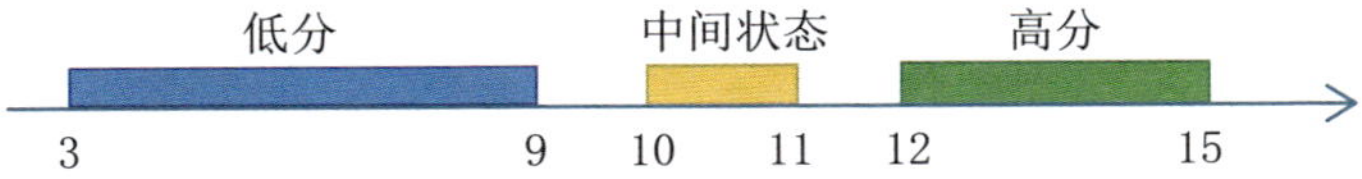

你在这件法宝上的得分处于哪个阶段呢？

4. 幸运思考

看到自己在这个法宝上的得分，你有什么体会？（得到高分是否感到很开心？还是茅塞顿开，找到了获得幸运的突破口？）

法宝 4："扭转厄运"测试

1. 法宝介绍

幸运的人能把坏运气变为好运气，因为他们能看到厄运中的积极面，并不沉溺于厄运，相信好运总会到来。幸运者经常会主动采取措施来阻止更多厄运发生，他们专注于寻找解决问题的新方法，喜欢掌握自己的生活，如果现在发生的事情令他们不快，他们会积极改变。

2. 法宝测试

你在这件法宝上能取得怎样的分数呢？快来测试一下吧！

请在刚才的测试下方继续写下题号与对应的得分。

1分——非常不同意　2分——不同意　3分——不知道　4分——同意　5分——非常同意

（9）不管在我身上发生什么事，我都倾向于看好的那一面。

你的得分：__________

（10）我相信即使是不好的事，从长远来看都会对我有好处。

你的得分：__________

（11）我不喜欢沉溺在那些过去对我不好的事情上。

你的得分：__________

（12）我试着从过去的失误中学习。

你的得分：__________

3. 法宝评分

第9题测试你在生活中有多大可能会看到事情积极的一面，第10题测试你对一些显而易见的坏运气是否会采用长远的眼光来审视，第11题测试你如何处理过去失败的经验，第12题测试你有多大可能从坏运气中学到什么。

题目	测试的内容
（9）	你在生活中有多大可能会看到事情积极的一面
（10）	你对一些显而易见的坏运气，是否采用长远的眼光来审视
（11）	你如何处理过去失败的经验
（12）	你有多大可能从坏运气中学到什么

将这四道题的得分数相加，会得到你在法宝4中获得的总分数。

我的总分：__________

评分坐标图：

请在图中标出你得分所在的位置。

4~10分属于低分；

11~16分属于中间状态；

17~20分属于高分。

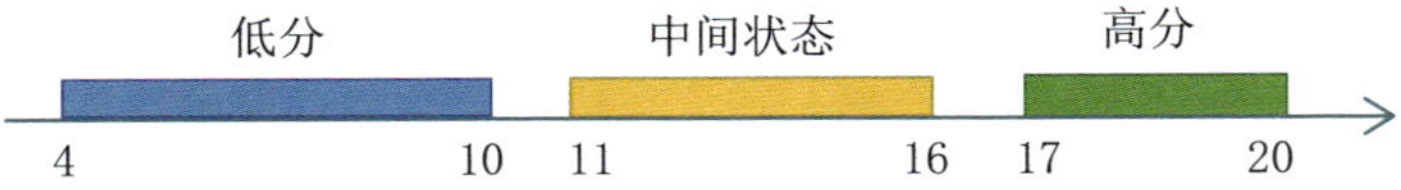

你在这件法宝上取得了几分呢？

4. 幸运思考

看到自己在这个法宝上的得分，你有什么体会？（得到高分是否感到很开心？还是茅塞顿开，找到了获得幸运的突破口？）

心理调节技术2：学习如何走运

一、“学习如何走运”是什么？

“学习如何走运”是一个通过写下“幸运宣言”，创建个人的幸运档案，将幸运的观念融入生活的一种技术。我们可以通过四个原则（增加幸运的机会、聆听你的直觉、期待好运降临和扭转厄运）来实行走运。

二、"学习如何走运"可以解决哪些问题?

"学习如何走运"后，可以让你从困惑迷茫的情境中摆脱出来，逐渐变得幸运；也可以让持续处于负面情绪的你，变得积极乐观。从生活中的每一件小事开始，让你应用幸运的技巧获得更多、更大的幸运。

三、具体内容及操作方法

在了解了幸运的好处与法宝后，下面这些实用的方法，或许可以让你真正按照上面的法宝行动起来，学习幸运者的思考与行动方式，帮助你成为一个幸运者。让我们一起来看看具体的步骤有哪些吧!

步骤一：宣言

首先，我们需要写下"幸运宣言"，也就是一段声明。你做好坚持付出努力来增加你的幸运的准备了吗？如果你已经做好了准备，请在你的幸运笔记第 2 页写上这句话：我希望增加自己的幸运，我已经做好准备让自己做出一些必要的改变。

步骤二：创立幸运档案

在"幸运档案"中，你可以将你在幸运法宝测试中的结果记录在下面的表格中，这个表格可以帮助你看到你在这四个维度上处于何种水平，并提示你做出一些改变。例如，你在法宝 1 中的得分低，那么你就需要思考如何给自己创造幸运的机会，是结交更多的朋友？还是多接触新鲜事物？

我的幸运档案		
维度	我的得分	低 / 中等 / 高
法宝 1：增加幸运的机会		
法宝 2：聆听你的直觉		
法宝 3：期待好运降临		
法宝 4：扭转厄运		

步骤三：将幸运技巧融入生活

在学习了幸运法宝后，我们需要懂得如何在日常生活中运用他们。如果你目前需要提升的是法宝 1 中的外向性，那么你可以从每天与三个人交谈的小目标开始练习；如果你目前需要提升的是法宝 2“聆听你的直觉”，那么你可以从每天练习冥想开始。

你可以将你的学习、练习计划写在幸运笔记中，以提醒自己时刻注意练习。例如：

我计划从这一刻开始，完成以下内容。

计划一	
计划二	
计划三	

步骤四：坚持记录幸运笔记

你需要持续记录你在进行练习的这一个月里，发生在你身上的所有幸运事件。你只需要在每天晚上花一点时间简短地记录这些事件，包括重要的事情，也包括一些琐碎的事情，并在每天早晨对这些事件进行回顾。

× 月 × 日的幸运事件：
1
2
3
× 月 × 日的幸运事件：
1
2
3

步骤五：多一些思考

幸运者所经历的好运并不是与生俱来的，而是他们的思维方式让他们的生活更加幸运。如果你也能如此，那么我相信你也会变得跟他们一样好运。在生活中，你不妨时刻注意培养自己幸运的思考方式，完成并记录一些思考与想法。

× 月 × 日收获	× 月 × 日收获

注：此模块内容设计参考美国作家理查德·怀斯曼所写的《幸运背后的心理奥秘》一书。

心理调节技术 3：画出你的生命线

一、“生命线技术”是什么？

“生命线技术”是舒伯生涯发展理论的主要技术之一。该技术分析生命线上的各种事件，分析影响自身的因素，通过生命线的表面，挖掘个体的内在。人的生命历程包括谷底经验和高峰经验，谷底经验看似阴暗负面，但却留下强韧的生命力及可挖掘的内在性格，可在新身份建立时让我们对自己有更清晰的自我认知；高峰经验可利用“人们是其过去的产物”和“强调成就可帮助他们觉察自我价值”的原则，自我分析过去的成功经验及可发掘的天分才能，帮助我们在新身份建立阶段更好地选择职业方向。

二、操作步骤

第一步：取出一张 A4 白纸或在手册提供的方框中，像下图一样画一条长轴，以此代表生命全程的生命线。

第二步：在生命线上，标出你所经历的对你来说印象深刻的事件。其中，对你有正向影响的标向上箭头，有负向影响的标向下箭头，线条的长短代表事件对你影响的大小，并在箭头旁边简要写出事情内容和时间。

示例：

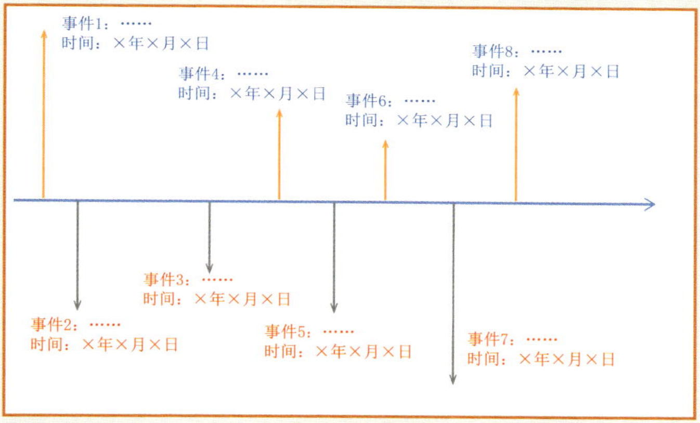

生命线制作图框：

第三步：面对自己的生命线，你可以通过向自己提问以下几个问题，来做进一步体会。

❖ 提到这些事时你有什么样的感受？

例如：这件事情让我感到很伤心，很不舒服……

想到这件事情我就很感谢当时的自己！

❖ 哪些东西让你有这样的感受？

例如：觉得自己当时不应该做出那样的决定，挺后悔没有做那件事。

原来当时的自己那么厉害，有那么强的耐力，现在我也可以！

❖ 这件事到今天对你还有影响吗？

例如：现在做很多决定的时候，都会想到这件事，对我影响还是挺大的。

这件事已经影响不到我了，我觉得我已经战胜了心里的阴影。

____
____
____
____
____
____

第四步：思考这些发现对你的新身份建立有怎样的意义和启发。

❖ 你期待的未来生命线如何发展？

通过对生命线的感悟，你可以思考一下自己未来的生命线将会如何发展？在新身份建立阶段，你觉得怎样的新身份更适合自己？为了实现这个新身份，你又准备做哪些计划和努力？写下你的想法吧！

短期计划：______________________________________
____
中期计划：______________________________________
____
长期计划：______________________________________
____

三、运动员的操作案例展示

生命线：

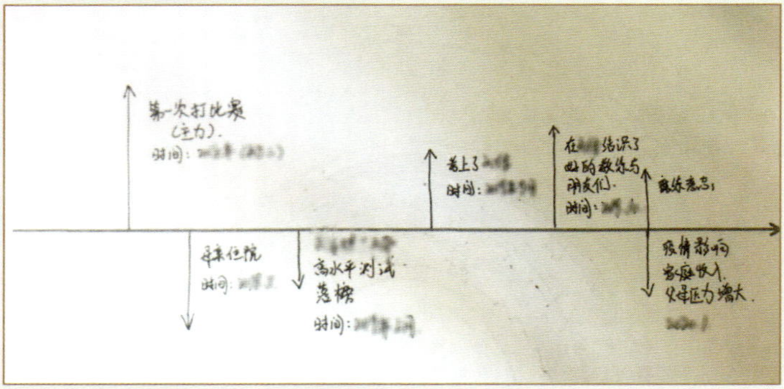

自我分析：

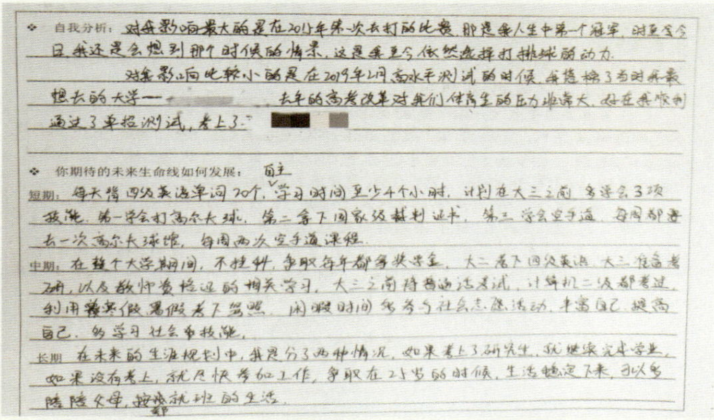

❖ 自我分析：对我影响最大的是在2015年第一次去打的比赛，那是我人生中第一个冠军，时至今日，我还是会想到那个时候的情景，这是我至今依然选择打排球的动力。

对我影响比较小的是在2019年2月高水平测试的时候，我落榜了当时我最想去的大学——　　　　。去年的高考改革对我们体育生的压力非常大，好在我顺利通过了单招测试，考上了 [redacted]

❖ 你期待的未来生命线如何发展：自主

短期：每天背四级英语单词20个，学习时间至少4个小时，计划在大三之前学会3项技能，第一学会打高尔夫球，第二拿下国家级裁判证书，第三学会空手道，每周都要去一次高尔夫球馆，每周两次空手道课程。

中期：在整个大学期间，不挂科，争取每年都拿奖学金，大二拿下四级英语，大三准备考研，以及教师资格证的相关学习，大三之前将普通话考试、计算机二级都考过，利用寒暑假假期考下驾照，闲暇时间多参与社会志愿活动，丰富自己，提高自己，多学习社会中技能。

长期：在未来的生涯规划中，我是分了两种情况，如果考上了研究生，就继续完成学业，如果没有考上，就尽快参加工作，争取在25岁的时候，生活稳定下来，可以多陪陪父母，按部就班的生活。

注：此模块内容设计参考舒伯生涯发展规划理论与技术。

心理调节技术4：我的生涯彩虹

一、“生涯彩虹图”是什么?

“生涯彩虹图”是舒伯提出的，是依据生涯发展阶段与角色交互影响的状况，描绘出的一个多重角色生涯发展的综合图形。舒伯认为人在一生当中必须扮演九种主要的角色，依次是儿童、学生、休闲者、公民、工作者、夫妻、家长、父母和退休者。彩虹的外层显示人生主要的发展阶段和大致估算的年龄：成长期、探索期、建立期、维持期及衰退期；彩条的厚度代表该角色在该阶段的重要程度及自身的投入程度；彩条的长度代表横跨一生的生活广度、这一角色在生活中维持的年龄跨度。

通过绘制“生涯彩虹图”，能够让我们发现这一生中所需要担任的角色。在新身份建立阶段，要如何分配自己的各类角色呢?我们担当的哪些角色是自己一直以来都很重视的，又有哪些是我们一直忽视的呢?让我们从生涯彩虹图中发现自己担任的角色吧!

二、操作步骤

第一步：思考从生命开始到生命结束，你所担任的角色有哪些?

例如：运动员，孩子，教练员……

第二步：在下面的彩虹框中，画出你所担任的各类角色。

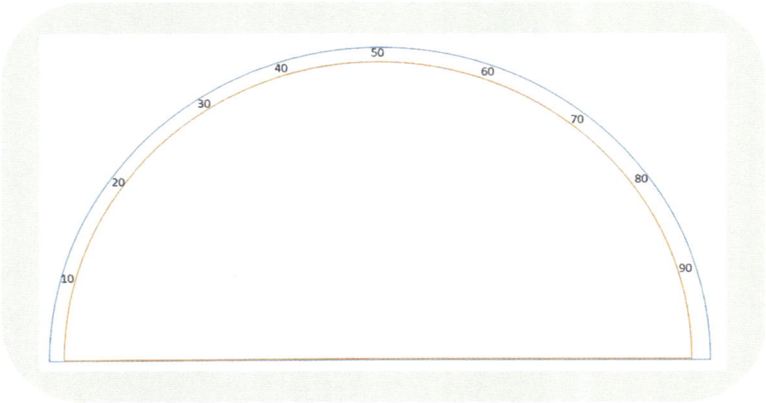

● 使用不同的颜色代表不同的角色。

例如：用红色的画笔来描绘运动员的角色，用紫色的画笔来描绘教练员的角色。

● 彩虹条的长度是你担任这一角色的时间长度，即这些角色是从多少岁持续到多少岁。

例如：从 10 岁开始进入运动队，到 25 岁退役，那么在彩虹框中运动员这个身份的长度就是 10~25 这个区间。

● 彩虹条的厚度代表这一角色在你的不同年龄阶段的占比程度。

例如：在 10~25 岁区间，一直在运动队训练，休闲娱乐的时间较少。也就是说，在这个年龄段，运动员角色会比休闲者这个角色占比更重。那么，我们就可以将运动员角色画成更粗的彩条，而休闲者角色在这个年龄阶段用更细的彩条表示。

示例：

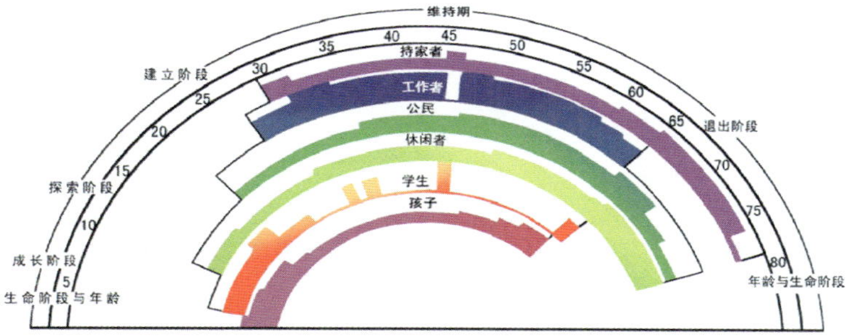

第三步：面对自己的生涯彩虹图，你可以通过向自己提问以下几个问题，来做进一步体会。

❖ 你认为哪个角色较重要？为什么？你最期待哪个角色？

例如：我认为父亲或者母亲的角色更重要，因为自己要为下一代负责，要给下一代创造更好的生活。

❖ 哪些你生命中曾承担或者正在承担的角色是你原来一直忽略的？

例如：孩子的角色是我一直忽视的，只要父母还健在，自己就一直是个孩子，父母永远是自己最坚强的后盾。

❖ 有发现一些你可能会承担的新角色吗？如何为此新角色做准备？

例如：我将要承担教练员的工作，开始这样一个新身份，我觉得自己需要更充足的实战经验才能胜任这个工作。

____

____

____

____

❖ 看过自己的彩虹图之后，对未来有什么具体计划？

例如：近期打算认真备考体育教师资格证，做到每天至少看 20 页书，并争取在 1 年之内成为一名体育老师。

____

____

____

____

❖ 还有什么其他的感悟？

例如：作为孩子，陪伴父母的时间太少了，今后要争取多回家看看。

____

____

____

____

三、运动员的操作案例展示

彩虹图：

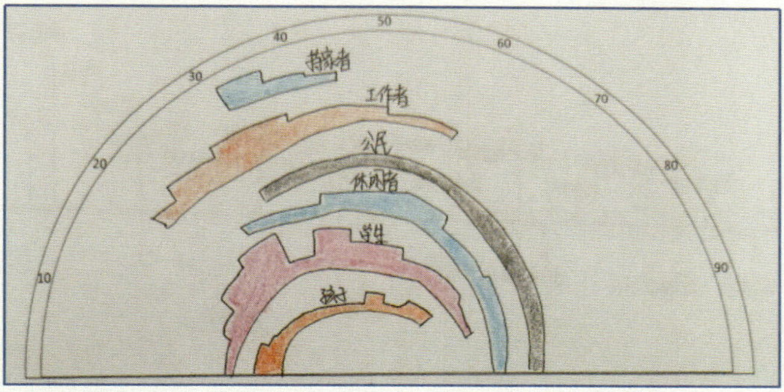

自我分析：

自我分析：舒伯的生涯彩虹图大致的把人一生的生涯发展分成了六个阶段，也是未来很有可能会扮演的角色。(1)孩子。这个角色我从出生画到了65岁左右，可能是认同老师所说的父母的离开让你不再是个孩子。父母就好似是我们与死神之间的一堵墙，他们的离去就意味着要直面死亡。70岁时可能会忽然觉得陪伴父母才是重要的事情，那时已经不用再去奔波和工作。(2)学生。我认为学习是贯穿我们一生的，不论你学什么，只要有兴趣想去尝试，抱有一颗好奇心和强烈的求知欲，那我们就是学生，直到你的身体不能再承受。(3)休闲者 (4)公民 这两个放在一起讲，因为画的长度也是最相似的。我理解的休闲者就是自由职业，有选择的权利，可以做到说走就走的旅行，没有固定时间和场所的工作，虽然这非常难做到，但这绝大部分取决于学生时期的方向和进度。当自己可以真的经济独立的时候，能为自己负责，能在社会中或一个职业中有自己的一亩三分地的时候，就是公民的角色。(5)工作者。进队比较早很早就有了工资，现在也在做自己专业的工作，在退休之前觉得应该都算是工作者的身份。大学毕业到三十左右这段时间是进入工作不久，正是从基层做起的时候，三十到四十这个时段自己已经在这份工作中有了一定的经验也有了一定的位置是工作者角色的高峰期。(6)持家者。三十到四十五这个时期既有工作又有家庭正处在中年时期也是生活压力比较大的时候，后面就慢慢步入稳定阶段，又可以开始自己的生活模式了。

注：此模块内容设计参考舒伯生涯发展规划理论与技术。

后 记

2020 年的一切都让人印象深刻。新年伊始，突如其来的新冠肺炎疫情让学校的教学和科研工作按下了暂停键，在经历了短暂的焦虑与迷茫之后，我让自己沉静下来，重新审视近年来的研究工作。2005 年至今，我从事有关退役运动员转型适应的相关问题研究已经近 15 年，在此期间有过不少学术成果，但遗憾的是，这些研究成果多停留在理论层面，能够真正帮助到运动员的成果十分有限。运动员在退役这件事上需要什么样的帮助，这是我一直在思考的问题。

冬去春来，一切慢慢恢复到了正轨。我们有幸承接了国家体育总局人力资源开发中心关于退役运动员转型过程的心理指导手册的编制任务，这正是将理论转化为实践的良好契机。

为了使手册贴合运动员的实际需求，我们摒弃了过往从理论到实践的思路，建立了一个包含定性探索、定量测量、大数据分析的新的研究体系。我们对退役运动员进行了深入访谈，访谈以退役转型过程的时间顺序为主线，把转型过程分为“退役规划与准备”“退役后适应”“新身份建立”三个阶段。围绕每个发展阶段中运动员最容易产生的心理问题、最迫切的心理需求，进行了深入的挖掘；对访谈中收集到的转型过程中退役运动员遇到的问题、自己的状态、采用的解决方法进行归类。同时，在访谈过程中，我们配套发放了包括若干量表在内的心理测评问卷，以了解可以作为退役运动员状态评估的心理测量工具的运动员测试体验。

最终，在对所有资料进行整理、研究的过程中，我们建立了一个由三阶段九模块组成的退役运动员转型心理指导手册架构。三阶段包括退役规划与准备阶段、退役后适应阶段和新身份建立阶段，每个阶段中又包含了解自己、心理危机应对小贴士、心理援助工具箱三个模块，分别是为退役运动员提供心理状态自助测评的工具功能介绍和工具参考文献、简单有效的心理危机应对小贴士和系统科学的心理援助工具箱。手册采用的“三阶段九模块”的架构，来源于访谈的实践，贴合运动员退役转型过程的发展变化过程，能够考虑到每个过程中的需求，是与过去同类工具相比的最大特色。

在经历了紧张而漫长的整个夏天之后，在金黄的秋叶洒满校园之时，《退役运动员心理指导手册》终于跟大家见面了。来之不易的成果离不开国家体育总局人力资源开发中心的大力支持，离不开退役运动员们的积极配合，离不开专家们的点拨指导，更离不开天津体育学院心理调控与卓越表现研究中心团队全体成员的努力付出。我期盼手册可以为广大运动员提供切实有效的帮助，为运动员退役转型适应相关问题的解决提供新的思路和视角，也为新时代体育强国建设贡献绵薄之力。

同时，也感谢手册修改过程中田野、张力为、丁雪琴、王军、张元、廉串德、张凯 7 位专家领导给出的宝贵意见。

时间有限，成书仓促，如有未尽之处，欢迎大家批评指正，共同探讨。

胡咏梅

2020 年 11 月